요절시인 시전집 시리즈 제8권

십자가에 못박힌
한반도

박 석 수 시집

- 이승하 · 우대식 편 -

새미

° · · ° · ° · ° · ° · · ° · · ° · · · ° · · °

이 시집을 내면서

이 땅에는 이른 나이에 세상을 떴다는 이유로 문학사의 뒤안길로 사라진 시인들이 있다. 한때 '천재'라고까지 일컬어지며 시를 썼지만 이들은 불치의 병으로, 불의의 사고로, 혹은 생활고를 비관하여 음독자살로 생을 서둘러 마감했다. 뛰어난 시를 썼음에도 불구하고 이들 시인 모두 요절했다는 이유로 '묻혀버린 시인', '잊혀진 시인'이 되고 만 것은 참으로 안타까운 일이다. 우리가 이 전집을 기획하면서 세운 기준은 다음 세 가지이다.

요절한 시인 가운데 시인으로서의 역량이 출중하여, 잊혀졌다는 사실이 안타까운 시인만을 대상으로 한다. 시집을 손쉽게 구할 수 있는 시인은 대상에서 제외한다. 가능한 한 유가족에게 연락을 하여 그간 시집에조차 실리지 못한 작품도 수록, 완벽한 전집이 되게 한다.

o · o · o · o · o · o · o · o · o · o · o · o · o · o · o

　일찍 세상을 떴다는 것만 해도 억울한 일일 터인데 이들 시인은 지금껏 문단의 조명을 받은 바 없다. 학계의 연구 대상이 된 적도 거의 없으며, 독자의 사랑을 받은 적도 없다. 지인들의 회고담은 남아 있지만 석 · 박사 논문의 대상이 된 시인도 이중에는 거의 없다. 살아가기가 곽곽했던 시절에 일찍 세상을 등진 이들을 위해 초혼제를 올리는 심정으로 시전집을 낸다.

　시인의 유시집과 유고를 수소문하여 찾아내고, 유가족을 만나고, 주변 친구와 친지들을 만나는 과정에서 만난 많은 분들에게 머리 숙여 감사드린다. 문학사와 문단사를 온전히 기술하기 위해 빠져서는 안 될 시인만을 엄선했다고 우리는 자부한다. 우리 문학사의 뒤안길로 사라진 이들 시인을 제자리로 돌려세우는 우리의 노력은 앞으로도 계속될 것이다.

　박석수 시인은 1971년에 등단하여 1996년에 타계할 때까지 3권의 시집을 냈다. 많다고도 할 수 없고 적다고도 할 수 없는

○ ○ ○ ○ ● ○ ● ○ ● ○ ● ○ ○ ● ○ ○ ● ○ ○

시집의 권수이다. 그런데 묘한 것은 제1시집 1,000권 중에서 960권을 스스로 태워버려 그의 제1시집은 희귀본이 되었고, 제2시집 역시 국회도서관에서 빌려보아야 할 정도로 희귀본이다. 반미시反美詩가 여러 편 실려 있기 때문이다. 시인은 경기도 송탄과 평택 등 미군 기지촌 주변 사람들의 삶의 모습과 을씨년스런 풍경을 그리면서 반미적 시각을 계속 견지했던 것인데, 그래서 그의 제2시집은 미의회도서관에도 비치되어 있다. 시인은 제1시집에 있는 시의 일부를 제2시집에, 제2시집에 있는 시의 일부를 제3시집에 싣는 버릇이 있어 정리 과정에서 무진장 애를 먹었다. 타이핑하면서 고생한 중앙대 문예창작학과 김지원 대학원생에게 감사를 표한다. 시집 출간을 허락해주신 외아들 되는 박우람 군에게 심심한 감사를 드린다.

이승하 · 우대식

차 례

제1부 │ 술래의 노래

술래의 잠 · · · 15

술래의 노래 1 · · · 20

술래의 노래 2 · · · 22

술래의 노래 3 · · · 24

술래의 노래 4 · · · 25

술래의 노래 5 · · · 27

술래의 노래 6 · · · 29

술래의 노래 7 · · · 31

술래의 노래 8 · · · 33

술래의 노래 9 · · · 35

연쌈 · · · 37

엘리베이터 안에서 · · · 39

하학길 · · · 41

술래의 증언   ⋯ 43

여름방학   ⋯ 45

불침번   ⋯ 46

뎅구치기(1부)   ⋯ 48

손톱   ⋯ 52

새   ⋯ 53

소곡   ⋯ 54

병상일기   ⋯ 55

제2부 | 放火

머리에   ⋯ 59

연무동 사신私信   ⋯ 61

연무동 달빛   ⋯ 63

점묘點描   ⋯ 66

색맹을 위하여   ⋯ 67

서울에 와서 Ⅰ   ··· 69

서울에 와서 Ⅱ   ··· 71

실습용   ··· 73

바람에게   ··· 76

수정 칼   ··· 78

파도 ─ 동해기행 1   ··· 80

밤 파도   ··· 81

노래   ··· 83

유행가   ··· 85

나의 방화放火   ··· 86

암실시사회暗室試寫會   ··· 97

제3부 │ 쑥고개

심청을 위하여 ─ 쑥고개 1   ··· 125

소박 ─ 쑥고개 2   ··· 127

발길질 — 쑥고개 3 　　　　　 ⋯ 129

노을 — 쑥고개 4 　　　　　 ⋯ 131

기도 — 쑥고개 5 　　　　　 ⋯ 132

사랑 — 쑥고개 6 　　　　　 ⋯ 133

촛불 — 쑥고개 7 　　　　　 ⋯ 135

현장 — 쑥고개 8 　　　　　 ⋯ 137

개보초 — 쑥고개 9 　　　　　 ⋯ 140

우리들의 발 — 쑥고개 10 　　 ⋯ 143

비가悲歌 Ⅰ — 쑥고개 11 　　 ⋯ 145

비가 Ⅱ — 쑥고개 12 　　　 ⋯ 147

비가 Ⅲ — 쑥고개 13 　　　 ⋯ 149

비가 Ⅳ — 쑥고개 14 　　　 ⋯ 150

수화 — 쑥고개 15 　　　　　 ⋯ 152

별 — 쑥고개 16 　　　　　　 ⋯ 153

불침번 — 쑥고개 17 　　　　 ⋯ 154

양말 — 쑥고개 18 　　　　　 ⋯ 156

소묘 ─ 쑥고개 19 · · · 157

팔매질 ─ 쑥고개 20 · · · 158

노을 ─ 쑥고개 21 · · · 159

행당섬 까치 ─ 쑥고개 22 · · · 161

이슬비 ─ 쑥고개 23 · · · 163

축 ─ 쑥고개 24 · · · 164

걸레 ─ 쑥고개 25 · · · 166

면도 I ─ 쑥고개 26 · · · 167

면도 II ─ 쑥고개 27 · · · 169

소문 ─ 쑥고개 28 · · · 171

제기차기 ─ 쑥고개 29 · · · 174

딱지치기 ─ 쑥고개 30 · · · 176

뎅구치기 ─ 쑥고개 31 · · · 177

눈쌈 ─ 쑥고개 32 · · · 179

팽이쌈 – 쑥고개 33 · · · 181

연가 – 쑥고개 34 · · · 183

한약을 달이며 – 쑥고개 35 · · · 185

영문 간판 – 쑥고개 36 · · · 187

잔디 – 쑥고개 37 · · · 189

조각칼 – 쑥고개 38 · · · 191

못난이 인형 – 쑥고개 39 · · · 193

하북 냇가 – 쑥고개 40 · · · 195

발 문 │ 그래프의 안과 밖 —박석수를 말한다/이외수 / 199

해 설 │ 쑥고개의 비가悲歌 —박석수론/우대식 / 205

연 보 / 221

참고서지 / 222

1부

술래의 노래

술래의 잠

1
일곱 살의 골목에는 야도夜盜를 찍어내는
두려움이 와아 와아 햇살처럼 쏟아지고
스무 살 이후의 도시는 대팻날이 되어
나를 문지르고 있었다.

귓속을 웅웅대는 우수憂愁의 빛깔을 끌어내
내가 완전한 자유를 깁고 있을 때,
내 생애는 난蘭이와 눈 맞추고
무궁화꽃이피었습니다무궁화꽃이피었습니다무궁화꽃
이……
찾는다 ──

환각의 다리橋에 물구나무선 나의 일곱 살,
호주머니에서 쏟아지는 천진한 기침을
숨었던 이마들은 변명하고
나는 자꾸 목이 말랐다.

2
갈증을 뜯는 기억의 바다.
발음 안 되는 스무 살을 소리치다가 치다가
찢어진 냄새여, 숨찬 야도여.

빌딩 사이에서 방황하는
내계內界의 노오란 잠은
험준한 산맥을 넘어온 밤바람을 만난다.
만나는 손바닥.
악수의 안에서 눈뜨는
가롯 유다의 야도 소리.

스무 살 진한 내 감성의 바다를
햇살처럼 헤엄쳐 가는
수만 물고기의 혼이여,
시야에서 흔들리는 노래여,

3
눈물만 한 거리에서
이슬 터지는 신비를 캐다가
아린 눈을 감으면,
유년시절 연 쌈에서 끊긴
하늘 땅만 한 꿈의 길이 보인다.

아픈 별처럼 기침 데불고
G선의 자락을 타고 오는 어둠,
우윳빛 빈 호주머니를 흔드는 바람,
나의 계약자들이여!

심실心室에 불을 켜면,
순수의 살점 흩어지는가
구겨진 그림자 무리.

아아, 머리칼이 보인다
꼭꼭 숨어라.

4
나를 외면한 배경 속에서
누군가가 둥 둥 둥
끈적끈적한 울음을 친다.

고이는 소리를
—— 내 안에서 자꾸 꺼내도
집히지 않는 인식의 무게.

신경의 가지 끝에서
묵은 잠의 껍질을 벗기면,
피 흐르는 나날.

졸음처럼 닫히는
내
오만의 귀.

빛을 가려 두른 암실에서

이제 나는 일기처럼
젖은 옷을 벗는다.

5
야도가 비상하는 울음 가운데서 뽑은
옭매듭진 스무 살의 잠이여,
핏줄을 타고 흐르는
야도의 녹슨 음성 바람이여,
자기를 감금하는 누에의 작업이여,

일곱 살의 골목에는 야도를 찍어내는
두려움이 와아 와아 햇살처럼 쏟아지고
스무 살 이후의 도시는 대팻날이 되어
나를 문지르고 있었다.

술래의 노래 1

도시로 밀려나온 유년.
전신주를 지키는
내 불안의 어깨를 빙⋯빙⋯ 도는
살의의 빛깔들은
목청을 돋워
나의 얼어붙은 동정童貞을 깬 후,
어느 날의 바람처럼 가버리고⋯⋯
나비와 흰 손가락 사이를 흐르는 피.
나는 아프게 불러내리라.
그대들의 가슴에서
눈물이 부딪는 최후의 사랑을.

깊이 노래하는 눈물과

참혹한 기도 속에서 만나는 사랑을
제야의 종처럼 흔들며 흔들며
나는 기억의 창마다 퍼져가는
엷은 핏방울.

불새의 관조觀照로 밝아오는 암실에서
가릴 것을 찾아 두리번거리는 육감.
아, 내 일체의 고독한 만남이여.

술래의 노래 2

누더기를 걸친 한 아이를 남겨두고
우르르 비밀을 흔들며 숨어간 이후,
내 생애를 곳곳에서 찌르는 불안.
1970년대의 나는 불안하다.
가끔 칼끝이 보이고
후딱 전생애가 보인다.
온갖 겁이 부활하는 당당한 시인
수영洙暎 님의 사진을 찢으며
문득 한 편의 시가 주는
그 차가운 목마름을 감지해내는
오늘 나의 불면증은,
강물에 꽃잎을 띄우고 돌아오는 바람
돌아오다 쓰러진 그 바람의 신음이다.
아아, 그러나 어려움이여,
변장술에 뛰어난 비겁한 중년이여,
밤마다 추위를 짊어지고
그대의 창문 앞을 서성이는 술래를 아는가.
유리알 같은 나의 눈물은

밤 눈 내리는 도시의 불빛마다
하나씩의 기억을 반짝이며 달음질한다.
불면의 늪 속에서 허우적거리는
내 영혼의 아침까지 닿기 위하여.

술래의 노래 3

슬픈 날 노래하는 빛을 따라가면
무지개를 만난다.
전생애를 만나고
무덤가 할머니 음성마저 만난다.
내 기억의 처마 밑,
고드름처럼 열리는 슬픔.
녹아내리는 미혼의 만남이여,
빛을 잡는 손끝에서
꽃과 어둠은 일제히 날고,
나는 문득 만남의 길을 떠난다.
한 줄기 기억하는 빛을 따라
내 울음 심지의 불이 꺼지기 전에
아아, 나는 혼자의 길을 떠난다.

술래의 노래 4

거리를 걷다 보면
풍경이 걸어가고
만남을 묻혀 갖고 떠난 화살은
어둠 속에서
음모陰謀처럼 서성이다가
비수처럼 빛나는
왈칵 친하고 싶은 이름이 된다.
집이 가까워 오는 주점에서 새어나오는
낯익은 신음.
나를 짚기 위해
술잔을 들면,
오말 하이얌의 시 속에서
1행의 슬픔은 꼼지락거리고
떠나간 모든 목소리가 눈을 적시며
한 개비의 담배 연기로 나타날 때,
나는 마지막 한 자리에서 만나는
눈물을 위하여
내용이 아픈 노래를 마신다.

모든 외계와는 절단된
고픔의 창을 열면,
아직 아가였을 때의 불안한 눈으로
발가벗고 강가로 뛰어나가는 언어.
그러나 아무도 만나지 못하고
피투성이가 되어
내 초록빛 영혼은 귀가한다.

술래의 노래 5

헤아릴 수 없는 어둠 깊이에서
몇 행의 기억을 건져내면
그것은 곧 눈물이 되고……

흔들린 눈물보다도 앞질러
나의 믿음은 날아가 버렸다.

4면 벽에 압핀으로 꽂아둔 객혈이
마침내 떨어지면
거울이여,
나의 암실 가득 현상되지 않은
눈물을 아는가.

나는 곧 어두워지고
바람은 불지 않는다.
거리에서 몇 개의 동사動詞를 낚아
어두운 노래를 휘파람 부는 허갈,

이제 그 어떤 사랑도
나를 씻어낼 수는 없다.

첫 편지를 받았을 때의
설레임은 가고
찬란했던 나를 심지 못한
소심증만 남아

나는 너무 어두워지고
여인들은 빛의 곁으로 달려간다.

술래의 노래 6

어둠을 지우는 바람의 앞자락에서
나는 노래하리라.
타는 밤마다
침울한 혼의 수레를 몰고 와
방 안 가득
불면을 부리고 사라지는
1행의 시,
그 잊혀지는 창마다 간혹 살아나는
마지막 불빛을 위하여.

그리하여 마침내
내가 바람의 눈이 되어
맺히는 눈물알 속에서
지나온 거리를 돌아볼 때,
일체의 고요가 깨어지는 소리.
그 소리가 닿지 않는 곳엔
시선이 닿지 않는 곳엔
시선이 가서 닿고

시선이 가서 닿지 않는 곳엔
마음이 가서 닿고……
내 마음은
모든 슬픔에 가서 닿는다.

술래의 노래 7
– 병상일기 Ⅳ

과녁 가까이 다가선 화살이
별안간 뒤돌아 달려드는 거울 앞에서
가장 슬픈 스무 살의 눈을 뜨면,
칠면조의 모가지처럼 변하는
내 혼들의 무늬.

눈썹에 이끼 키우는
내 방엔
늘
콜록콜록 비가 내린다.

내 가슴팍에 잔인한 발자국을 남기고
모두가 충실의 벽 속으로 숨어버린 후,
유난히 눈이 커 겁이 많은 나는
손 안에서 길들던 두 개의 호두가 깨지는
아픈 소리에 참으로 아픈 소리에
사후의 내 음성을 듣는다.

갈가리 찢어진 신경의 이랑에 숨어
비수처럼
결별의 야도를 노리는 죽음이여,
용이 되어 승천하다 떨어진
한 마리 독사가 스멀대는 빈 가슴.
보석처럼 빛나지도 않고
후랑코 네로처럼 험하지도 않은
사랑아,
독이 녹아 무지개 서는가.

2홉 소주의 병마개를 따는
핏빛 내 혼은
여름밤을 여는 반딧불 되어
숨찬 어둠을 날름댄다.

술래의 노래 8

내가 ' ㅣ '에 욕망의 구슬을 놓으면
꽃잎마냥 '二'로 혹은 '三'으로 펴지는
아이들의 손.

꽃구슬 대신 장롱 꼭지를 떼어준
어머님의 눈물을 한 개씩 빼앗기며
난蘭이의 미소를 빼앗기며
난해시의 관棺 속에서
무덤 위로 보내는 빛,
나는 그 빛의 추상을 걸러내고 있었다.

아아, 흔들리는
야망의 손이여,
절대絶對의 암실
그 깊이에서 가슴 밑을 도는
이 노래는 누구의 것이냐.

나를 송두리째 곰팡내로 흠흠대는

현란한 도시여.
오늘
당신들의 손금엔
몇 행의 슬픔이 해부되어 있는가.

나를 만날 것이다.
만나는 생애마다
꽃피워 노래하리라.

거리에서 무성한 거짓말의 넝쿨을
헤치고 지나온 불과,
내 안에서
나를 넘어뜨리는 슬픔과,
죽음 앞에서 내가 끊어야 하는
모든 관계의 말씀.
그것이
오늘 동전 몇 개의 무게일까를.

술래의 노래 9
－ 암실론

I
나는 한 번도 숨어보지 못했다.
네온이 반짝이는 비정의 도시 끝,
추위의 불도저는
나의 암실에 숨겨둔
울음까지 밀어내고……
현기증에 눈을 감으면,
비밀을 꿀꺽이고 입 다문
캐비닛의 번호판과
열쇠 꾸러미에서 쏟아지는 웃음소리가
나를 넘어뜨리고 달린다.
잔인한 불빛과 불빛을 꿰어 돌리며
내 주위를
밤은 100m 선수처럼 달린다.

II
어디에도 나의 밤은 없었다.

난이가 감겨주던 내 불안은
불면의 현상작업이다가,
풍선처럼 둥둥 떠오르다가,
자유스런 하늘
여긴 어디쯤일까
누나가 만들어준 연鳶이 보이고
골목에서 잃은 예쁜 꽃구슬, 딱지……
그리고 전생애가 보인다.

III
나는 누구도 찾아내지 못했다.
반짝이는 도시의 이빨 사이에서
짓이겨진 유년의 몽타주.
영원히 잃어버린 얼굴들이여,

연쌈

꿈을 실어 기러기 길을 보내자.
고생 잡기 하는 햇살을
예감 끝의 나를 날리자.
연기 없는 연무동의 허기진 하늘에서
키들대는 타동네의 이빨을 쫓아내고
나를 날리자.
완전한 1인의 상처를 날라지.

상처가 상처를 물어뜯는
이율음二律音의 하늘.
유리 가루를 묻힌 도회의 끈들이
누님의 한,
그 가장 아픈 선에 닿으면
내 새는
피를 불며 떨어지고……

하늘에서 끓어지는 울음.
울음을 따라 가시 철망과

논두렁과 개울을 건너뛰는
내 발바닥.
갈라터진 내 가슴엔
꼬리연과 사각연이
아직도 울음을 비벼대고 있었다.

엘리베이터 안에서

엘리베이터 걸의
매니큐어 손끝이 세우는
당신들의 우주.
나의 우주.
그 시대의 버턴마다엔
잊혀진 연무동의 허기가 붙어 있어.
어머님의 해수병이
콜록, 콜록,
계단식 개간을 시작하고.
고층빌딩의 층계를
성급히 뛰어 올라오는
내 유년의 숨 토막들은
죽음에 쫓겨
깜박, 깜박,
내릴 곳을 잊은
내 언어삽체 속엔
수천의 반딧불.
그 엄청난 시의 허갈.

엘리베이터 안에서 질식한
바람의 뼈가 차츰 보여.
불안해.

하학길

9·9단을 외우지 못해
늦게까지 벌서고
혼자 돌아오는 길.

나의 길 곁엔
도랑물이 도랑도랑 울어쌓고,
나는 쪼맨 노을을 싣고
종이배로 흘러가고 있었다.
텅 빈 교실의 정적을 싣고
외톨이로 흘러가고 있었다.

도랑물이 냇물과 만나는 곳까지
내 몫의 길.
나는 흐르는 종이배를 따라 도랑 위를
걷고 있었다.
걷다가 도랑의 끝에서 길 저쪽 편
하수구로 달려가
9·9단을 술술 외우며

내 종이배를 기다리고 있었다.

나는 허기가 만나 냇물로 흐르는
연무동 입구 양회다리에
까만 책보를 끼고 앉아
조여 오는 어둠을 고사리 같은 손끝으로
자꾸 자꾸 헤쳐 내며
하수구에서 곧 나올 것만 같은
내 종이배를
언제까지나 그렇게
기다리고 있었다.
9 · 9단은
까맣게 잊고 말았다.

사친회비를 내지 못해
늦게까지 벌서고
혼자 돌아오는 길.

술래의 증언

슬픔의 어깻죽지에 숨어 있는
당신을 보았다.
당신의 손은
매니큐어로 아름다웠고
나의 손은
허둥대며 흰 벽과 W베드와
술병과 화장대를 짚어내며
야도를 부르짖고 있었다.

당신은 울지 않았고
나도 울지 않았다.
'무궁화꽃'으로 헤어져
'야도'로 만나는 슬픈 사랑을,
삼천리 강산을 덮은
알파벳의 기침 소리를,
우리는 울지 않았다.

당신은 검은 사내를 밀어내고

나는 스위치를 끄고 우당탕
우리들은 유년의 미루나무를 향해
앞서거니 뒤서거니 이를 악물고
달리기 시작했다.
도시의 번화한 차도와 기아선상과
담화문과 절망을 건너뛰고
비척거리며 달리는 우리들의 발.

사랑이여,
당신의 발은 어느덧 하이힐도
샌들도 부스도 슬리퍼도 아닌
옥색 고무신이었고.
나는 맨발이었다.

여름방학

"아이스케키!"를 목놓아 울어도
아이들은 외갓집으로 원두막으로
혹은 멱감으러들 떠나고
텅 빈 동네 입구에는
햇살 속을 기어다니는 고요가 보였다.
십리 길을 더 들어가
나는 방학숙제로 여름의
곡식을 채집하며 다녔다.
해질 녘, 집에 돌아와
오이, 마늘, 고추를 피곤처럼 풀어놓으면
어머님은 오이채에 보리밥을
눈물로 비벼주셨고
어린 동생과 나는 맛있게 먹으며
이따 밤에 반딧불을 잡으러 가기로 약속하였다.

불침번

I
내 혼을 만나기 위해
지치지 않을 무덤을 판다.
배반의 손끝이 부서지도록
붉은 반점의 살을 뜯는다.
방한모를 벗고
귀를 세운다.
감성의 이랑에 고이는 샘물.
샘물이 바다가 된다.
기억의 바다에
면도날 같은 고독이 잠수한다.
아아, 보류해 둔 1행의 호흡.
죽어 있는 생물과
살아 있는 사물 사이에서
나는
최후로 살아남는 노래를 불러야 한다.

II

심실心室에 램프의 심지를 돋우고
나는 내 혼들의 무늬를 확인하고 있었다.
냉랭한 어둠을 다스리는
관념의 내무반.
절단의 연무동에서
나는 앞에총 자세로
연고자 없는 환자는
죽여서 시체로 팔아먹는다는
도시의 요상한 불빛을 이겨내고 있었다.
아침 바다를 구워낸 유리 같은
감성이 쨍그렁 깨지는 소리.
어둠을 찌르는 손가락 끝에
생선처럼 퍼덕이는 울음이 닿는다.
예감이 닿고, 주검이 닿는다.
아아, 동화童話가 동사凍死한 도시에서
나는 정말
바숴진 일곱 살들을 주워댈 수 있을까.

뎅구치기(1부)

I
나는 출발한다.

　㉿幼
　㉿年
　㉿과
㉿都　㉿市
　㉿의

6개의 뎅구.
그 십육 회의 회로.
잃어버린 시어의 체온과
개성의 완성을 위하여.

엄지와 중지 사이에서
저마다 완전한 내 것으로 떠나는
구슬의 환생법.
영원한 동심에서 닦인

구슬의 빛깔을
친구여,
너의 팔레트에서
골라낼 수 있을까.

II
나의 눈을 쏘고 달아나는
차거운 쇠마다.
온통 피 흐르는 시계視界.
피 묻은 미지의 무늬가 보인다.
햇살이 찰랑이는 뎅구마다
난이가 앉아서 미소로 흔드는 손수건.
나는 표적할 수 있을까.
빙하氷下의 고립에서
어머님의 실타래에서
동시에 풀려나는 현기증.
나는 감별의 눈을 뜬다.
아, 선악과를 따먹은 듯

눈부신 욕망……

III

제3의 ㉝에 도착했다.

여기는

한국시의 교통신호대 부근.

도시는 화경알이 되어

내 유년의 근육을 녹이고 있었다.

아픈 살을 뚫는

네온과 기교의 신기루.

나는 쓰러져 구슬을 보고 있었다.

목말라 사적私的으로 죽어가는 진실이여,

내 무지의 어둠을

구슬의 빛깔로 밝혀낼 수 있을까.

정말

1인의 시를 쓸 수 있을까.

난이의 자궁에 떨군

유어幼語의 질량감.

피투성이로 ㉿를 향해 구슬은 떠나고
나는 바늘에 찔리며
깨진 울음을 꿰매고 있었다.

손톱

내 어머님의 손톱은
캐비닛에 갇힌 하늘을 흔드는
무서운 절망이었네.
몇 양푼의
진한 뜨물을 얻어내기 위해
자박지 안에서
어둠에 묻힌 보리쌀을
일어—語의 처녀막이 파열될 때까지
문지르고 또 문질러
문둥이처럼
뿌리채 닳고 닳은
내 어머님의 손톱은
연무동 공동우물터의 쌀씻기였네.
굶주린 일가의 증언이었네.

새

새가 날아간 창문에 서서
꽃잎을 물고 기다리면
꿈결에서처럼이나
환상의 귀는 열리고
사념의 꽃밭에는
눈이 내리는데
어항 속 금붕어촌의 은방울은
왜 자꾸 울고 있는 것일까
연약한 부리를
내 가슴에 문지르며
속삭이던 새
새가 날아간 조롱 속에서
이제 난 어떤 울음을 울어야 할까

소곡

불타는 입술을 적시며
레인코트를 입은 3월이 와서
내 불면의 창을
똑 똑 똑 세 번 두드리면,

이슬비는 어느덧
내가 작곡한 음악이 되네.
그대 가슴에
얼굴을 묻고 쓰러지는 음악.

병상일기

Ⅰ
꽃이
시드네요.

화병엔
당신의 목소리
가득한데

그리움이 묻어나
가슴으로
빨갛게
물들어 가네요.

Ⅱ
가슴으로
허물어진
무늬.

어쩜 저리도
멍울진 아픔이
묻어나는데

아아,

꽃이
시드네요.

2부

放火

머리에

7년 전 서문도 후기도 없이 첫 시집『술래의 노래』묶어내면서 나는 이제 죽어도 좋다는 생각을 했었다. 술래 연작시 서른네 편과 장시 두 편이 전부였던 그 시집 속엔 모든 것으로부터 떨어져 나온 내가 피투성이로 완벽하게 들어가 있었기 때문이었다.

다시는 시를 쓰지 않아도 좋으리라는 생각을 했었다. 아니 더 이상 쓸 시도 없다고 믿었었다. 그만큼 나를 송두리째 묻어버릴 수 있었던 것이『술래의 노래』였으며 시집을 낸 이후 찾아온 깊은 정적과의 투쟁에서도 나는 깨끗이 시를 포기할 수 있기를 눈물로 희망했었다.

정말 오랫동안 나는 희망대로 시를 쓰지 못했고, 시를 쓰지 못하는 그 기간 동안 나는 오직 남의 원고를 교정 보는 일로만 살아왔다. 그러면서 오자를 찾아내듯 성실하게 사람 살아가는 일과, 사람 사랑하는 일들을 하나씩 깨우쳐왔다.

지금, 스스로의 처음 생각을 배반하면서까지 이처럼 다시 두 번째 시집『放火』를 묶게 된 이유는 혀를 깨물며『술래의 노래』를 찢어버려서가 아니라, 찢어진 그 시집 속에 참혹하게 누워있는 내 영혼의 불꽃이 채 사그라지지 않았음을 확인했기 때문이었다.

그렇다. 나는 아직 충분히 젊었으며 그래서 무기력하게 쓰러졌던 『술래의 노래』에서 나를 다시 일으켜 세워 힘 있게 시의 길을 걸어가고 싶어서였다. 아니 7년간 계속됐던 그 죽을 것만 같았던 지독한 시수병詩瘦病에서 깨어나고 싶어서였다. 아아, 살고 싶어서였다.

지난 12년간 내 정신적인 양산박이었던 시와 시론을 몇몇 형님과, 이번 시집을 묶도록 해주신 분과, 기쁘게 해설과 발문을 써주신 분에게 고마움을 느낀다. 앞으로 새로운 각오로 좋은 글을 써서 보답하고 싶다.

아아, 세상이 깜짝 놀랄 것이라는 못난 자식 말만 믿고 『술래의 노래』를 낼 때 빚을 얻어주신 어머님의 임종 앞에 이 못난 자식의 눈물 대신 『放火』가 놓여지길 희망한다.

연무동 사신私信

오랫동안 객지로만 떠돌았지.
너를 찾아 수천 개의
불면의 밤을 온통 뒤졌어. 간혹
끼니를 거르고 잠들면 어김없이
아버지의 불호령은 떨어지고
나는 영산물을 뜨러 2킬로미터의 새벽
산길을 오르내렸지.
꽃이 수줍게 잠 깨는 소리랑
잎 푸른 나무 사이를 달음질하는
새벽 종소리를 데불고
나는 혼자의 산길을 오르내렸지.
노인들의 졸리움도 번개처럼 깨지던
그 차거운 영산물에 어리던 내 영혼.
그리고 오후엔 방화수류정 연못가에서
난이에게 서로 용잠자리를 잡아주기 위해
"용잠자리 보배
파리 보배 ♪"를 외치며 목젖을 찢던
우리들의 변성기를 보냈던 연무동.

그러나 스무 살 이후에 찾아간
그 마을엔
눈을 찌르는 매움만 살아남고
내게 생존의 의미를 갖게 하던 너는
어디에도, 정말 어디에도 없었어.
시멘트로 바꿔버린 전신주에서
손톱으로 벗겨낸 석고처럼
음성 몇 갈래와
가물가물 잊혀진 노래.
내 시선이 가 닿는
모든 사물은 빗장을 걸고
나는 뿌연 시야를 손등으로 비벼대며
조용히 연무동을 걸어 나왔어.

연무동 달빛

달빛이 녹은 골목에서
내 좌판의 무게만큼 아이들은
노래와 노래를 꿰어 들고
내 침울한 어깨를 전송했지.
걷다가 걷다가
고인 울음에 걸려
넘어지기도 하고……

통금 전후 혼자의 귀갓길은
늘 무서웠어.
아이들은 골목을 넘치던 달빛을
호주머니 가득 넣어 가 잠들고.

텅 빈 골목을 건너는
내 목소리 끝에 묻어오는
한 가락의 눈물.
내 몫의 달빛은
끝내 없었어.

달빛 교교한 밤
달리는 골목에 나앉아
전신주에 신열 나는
이마를 짚고 있었지.
아이들의 웃음소리는
내 아픔 깊이까지
달음질하고……
눈물알 속에서
달빛 터지는 소리.

소리의 골목을 헤매다가 쓰러진
내 외로움을
어머님은 늘 따순 눈물로
덥혀주시곤 했지.

밤마다 오후 2시의
요란한 햇살처럼 아이들은
영혼의 망토를 두르고

내 여린 삶 속에 당당하게 나타났고
나는 목청을 돋위 소리쳤어.
깨엿이나 찹쌀떡—

점묘點描

내 혼을 기대 논
유목幼木을 톱질하는
소리.

소리 안에 샘물처럼 고이는
향기를 두레질하는
바람.

바람에 실려 가는
아직 발아되지 않은
의식.

색맹을 위하여

서울은 거대한 마취실
상경 3년 만에
어찌된 셈인지
내 마음의 자명고.

조그만 슬픔에도
맹렬히 울던
내 마음의 자명고.

이제 우는 법마저
까맣게 잊고
깊은 잠 속에 떨어져버렸네.

서울은 환각의 스크린
아침저녁으로 꿈으로
발음 안 되는
비극만 상영되고.
확실히 보이는 것도

그리움도
꿈도 없이
시퍼런 정신마저 갇혀
비몽사몽 흔들리고 있네.
자꾸자꾸 무너지고 있네.

내 찢어진 마음의 자명고
둥, 둥, 둥, 울릴
그날을 위해
오늘, 밥 말아먹고 있음을
사랑하리.
보이지 않는 꿈을
사랑하리.

마취당하지 않는
유년의 파아란
힘줄 하나로 버티고 서서
살아가리.

서울에 와서 Ⅰ

내가 만나는 사람은
모두 입이 향기로웠다.

금붕어처럼 퐁퐁 입으로
예쁜 방울만 뿜어내는

내가 만나는 사람은
모두 입만 향기로웠다.

그들이 모여 있는 곳엔 늘
값진 향수 냄새가 나고

서울은 그렇게
조화造花가 만발하고,

오, 아름답다고 표현되는
조화의 거리.

이 생화 한 송이 없는 거리.
모든 생화가 사적으로 죽어가는 거리.

이제 투쟁과 마취 중
어느 하나를 선택해야 하는

마지막
거리에서

내가 기다린 오직 한 사람.
끝끝내 보이지 않고,

내가 만나는 사람은
모두 입만 향기로웠다.

서울에 와서 Ⅱ

그동안 나는 무엇을 했는가 몰라.
서울의 인력引力에
질질 끌려 다니면서
양복 맞춰 입듯
내 몸에 맞는 적당한 허세와
웃음과 비굴함과 그리고 또
이웃에 대한 무관심만을
어느덧 나는 내 것으로
맞추어 갖게 되었고나.

사무실에서 화장실 거울 속에서
다방에서 엘리베이터 안에서
흔들리는 잠실의 14번이나
68번 통근 버스 안에서
이제 내 그 추한 모습 또렷이 보여
찢고 싶은,
오, 시든 꽃잎 같은 일상
서울에 와서 맞닥뜨린

오자誤字투성이인 서른넷의 내 생애.

실습용

때 : 현대
곳 : 병원(인물 : 의사, 간호원, 환자)

〈무대〉

흡사 시체안치소를 연상시키는 음울한 입원실.

낡은 쇠침대 몇 개와 순백색의 3면벽이 아주 비정적인 느낌을
준다.

막이 오르면 무대 우측의 도어를 열고 스포트라이트를 받으며
간호원이 차트를 들고 등장한다.

한 사람뿐인 환자의 쇠침대로 다가가 흰 가운을 쳐들었다가는
다시 놓고 곤혹의 표정으로 잠시 무엇인가를 기재한다. 이때 의
사가 들어온다.

의사 : 준비 됐나?

간호원 : (대답 대신 고개를 약간 끄덕여 보인다.)

의사 : 환자에게로 다가가 혼수상태에 빠진 환자의 팔
을 걷어 올리고 아무렇게나 주사바늘을 꽂는다. 의사가
주사바늘을 뽑자 죽은 듯 누워 있던 환자의 상체가 가늘
게 경련하다가 곧 무거운 침묵 속으로 가라앉는다.

간호원 : 아, 아…… (얼굴에는 짙은 공포의 그늘이 아른거린다.)

의사 : (안경을 벗어 안경알을 두어 번 문지르다가 다시 쓰고는) 법도 보호할 가치가 있는 것만을 보호할 권리가 있듯이…….

간호원 : 병원도 치료할 가치가 있는 것만을 치료할 권리가 있단 말씀인가요?

의사 : 그렇지.

간호원 : 어디에 최선은 있나요?

의사 : 최선? 그런 것은 아마 연고지에나 있겠지.

(이미 싸늘하게 식은 시체의 몸 위로 가운을 덮어씌운다.)

간호원 : 연고지? 연고지? 연고지?

(계속 입으로 중얼거린다.)

의사 : 그 일행의 슬픔을 해부하기 위해 모 대학에서 곧 시체를 인수하러 올 거야. 전화로 계약을 했지만, 그들이 오면 내게 다시 연락해주도록. 지난번 잔금도 있고 하니까.

간호원 : (석상처럼 꼿꼿이 서있고 의사 도어를 열고 밖으로 나간다.) 도어 닫히는 소리.

다음 무거운 정적이 잠시 계속되자 간호원은 가늘게 오열한다.

그렇게 보일 듯 말 듯 스타카토 식으로 막이 내린다.

바람에게

물결로 시퍼렇게 살아 일어서서
걸어오다가, 바위를 치때려 온통
음악을 타고 내리는 함박눈보다
더 아름답게 허공에서 부서지는
바다에서의 네 몸을
우리는 파도의 꽃이라 불렀다.

졸음병 걸린 닭처럼
깜박깜박 졸면서 이리 비틀 저리 비틀
국사책 속으로 걸어 들어가다가
어이없이 자꾸자꾸 실족하는
언덕에서의 네 괴로운 방황을
우리는 삼천갑자 동방삭이라고 불렀다.

살결로 시퍼렇게 살아 일어서서
걸어가는 들풀이나 내 가슴이나
진딧물에 시달리는 저 고통스런
들판에도 산 너머 남촌에도 끝끝내 불지 않는

바람아, 오늘의 네 침묵을
우리는 무엇이라고 불러야 하느냐.

수정 칼

하루 왼종일 오식誤植의 숲 속에서
나의 수정 칼은 종횡무진
관운장의 청룡도가 되어
뻔뻔스런 오자의
모가지를 뎅강뎅강 잘라대며
문맥의 질서를 바로잡는다.

그러나 몇 달 몇 년을 바로잡고
또 바로잡아도
바로 잡혀지지 않는
더 커다란 오식誤植―생활.

나는 그 끝없는 오자의 생활 속에서
탈자 같은 급료날만 기다리는
삼류잡지의 만년 수습이지만
반질거리는 인화지 위에서
종횡무진 번쩍이는
나의 수정 칼은

관운장의 청룡도보다도
더 신나고 더 재빠르게
이 시대의 오리무중의
아픈 문맥을 바로잡는다.

파도

── 동해기행 1

계집의 속살처럼 흔들리는
가을, 모두를 단풍처럼
다시 자본주의로 물들어 갈 때
넉넉한 동해여,
나는 오늘 비로소
너의 혈관처럼 튀어나온
그리움의 편지를 읽는다.
백지인 채로
더 많은 것을 깨우쳐주는
넉넉한 동해여,
바람에 하얗게 쓸리는 파도처럼
나도 사랑하는 이의
어깨 부비며 허리 부둥켜안고
당신의 가슴에서 쓸리는
내일의 파도가 되고 싶다.

밤 파도

해변가 허름한 하숙에 엎드려
그대가 밝은 곳에서 듣다가 남겨둔
밤 파도 소리 듣는다.
남은 파도는 밤새도록
바위에 머리를 찧어가며
어머님의 애처로운 울음 운다.
오늘 이 지상에서의 내 몫은
저 한 음절의 밤 파도 소리뿐.
여름 한 때 그대가 놀다가 버린
아름다운 파도를,
젊은 날 그대가 함부로 버린
사랑의 말들을,
오, 한 번은 생각하라.
밤 파도 소리 들으며
잠 못 이루는 버림받은 젊음이
밤 파도 소리 되어
그대의 높은 베갯머리

꿈속을 향해
지금 떠남을.

노래

마지막 그대 타고 떠나는
전철에 감전당한
하늘은 새까맣게 타고
비감悲感만 남은 어둠에 와서
나를 적시도록
끝내 못한 나의 고백은
별행別行으로 흐느낀다.

내 시선이 가 닿는
모든 사물은 폭삭 재처럼
무너지고 오, 폭삭 무너지는
내 가슴은 위험 표지판.
2만 5천 볼트의
끔찍한 전류가 흐르고 있다.

보내고 남아 있다는 것은
유서를 봉함한 후의 정적 같은 것.
그대 타고 떠나는 전철에

감전당한 일렬종대의 바람도
폭삭 무너지고…….

유행가

바람 불고
한 사내의 가슴에서
무럭무럭 자라나는 여인과

바람 자고
한 여인의 가슴에서
깨끗하게 지워지는 사내.

풀잎들이
이마 부비는 소리.

나의 방화放火

I
몸과 몸을 부딪쳐
불을 만드는
차돌처럼,

나의 가슴엔
몇 세기를 떠돌던
떠돌이별이
부딪혀 와
한 줄기 불을 만든다.

천상의 불을
회향나무 줄기에 붙여
지상으로 훔쳐내 온
프로메테우스처럼,

나의 숙명은
떠도는 언어에

내 영혼의 불을 붙여
황량한 인간의 심성에
옮겨놓는 일이다.

끝끝내 불타지 않는 가슴,
마음의 소화기를
스스로 준비한 오늘의 비겁한 가슴,
추위의 면도날이 지나간
헐벗은 모든 가슴에도

나는 내 정신이 깨지도록
부딪히고 또 부딪혀
마침내
강한 치유의 빛으로
우리나라의 모든 가슴 구석구석을
스며들리라.
가슴 깊숙이 스며들어
진실이라는 인화성引火性에 닿아

확고한 어둠 속에서도
빛나는
약속의 뼈가 되리라.

II
불씨를 감춘 비밀이
바람 앞에서
더욱 불타는
알몸을 드러내듯,
답답한 가슴을 열고
바람 앞에서
내 절망의 부호들이
칼날처럼 흐느낀다.

"연무동의 밤은
깊은 수렁이야요."
깨끗이
백기를 들고 싶다.

삶,
그 자체에

깨끗이
백기를 들고 싶다.
곰표 밀가루 반 포로
한 달을 견디고

독수리표 밀가루 반포로
다시 한 달을 더 견뎌도

긴 긴 겨울밤은
더디 새더라

냉기뿐인 방에서
거리에서
부질없이 아, 부질없이
나는 무엇을 더 기다리는가.

기다릴 것 하나 없는
비극으로

내 가슴
물들고

밤마다
내 슬픔

봉화처럼 올라
불타고 있다.

III
빛을 모아
불을 만드는
화경알처럼,

나는 연무동의

내 유년을 모아
불을 만든다.

불을 만들어
헐벗은 일곱 살에
더 큰 헐벗음을 주고,

불을 만들어
굶주린 14세에
더 큰 굶주림을 주고,

불을 만들어
외로운 스무 살에
더 큰 외로움을 주고,

불을 만들어
고독한 스물세 살에
더 큰 고독을 주고,

불을 만들어
참담한 내 연대에
더 큰 참담함을 주고,
불을 만들어
불을 만들어
아아, 불을 만들어,

바다에 던지고
바다에 던지고
자꾸 바다에 던진다.

밤마다 불을 쥐고
슬픈 역사의
담장을 넘어가는

내 눈의 불은
내 손의 불은
내 가슴의 불은

이제
냉혹한 한 시대의
상징의 불이 아니다.

IV
냉혹한 한 시대의
사기병沙器甁 속에 갇혀
기름 없이 타는 목만
새까맣게 죽여가면서
어머님의 어두우신 눈에
겨우 바늘귀나 찾아주는
귀 떨어진 등잔처럼,

오, 귀 떨어진 등잔처럼
끝없이 외로운
나의 방화.

사기병 속에 갇힌
연무동의 밤이 운다.
헐벗고 굶주린
식솔을 끌어안고
일인칭의 밤이 운다.

추운 가슴으로
구천을 떠도는
사랑이여,
너의 이름 하나 불에 태워
훈훈함을 만들고
일용의 양식을 만들고
신앙을 만든다.

어둠 속에서 숙명으로
자기 몸을 태워가며
불을 지키고 있는

한 자루 초처럼,
몇 세기를 떠돌던
떠돌이별이여,
오늘은 내 영혼이 탄다.

비수처럼
시퍼렇고 맹렬하게 내 영혼이 탄다.

내 의식 위로 꽂히는
날선 별빛,
바다가 온통 불타고 있다.

수천만 개의 압핀에 찔려서
떨어지지 않던
나의 눈물도

불타고 있고,

어둠 속에서 호명되는
모든 결의도
불타고 있고,

밤마다 불자동차가
내 잠의 입구까지 싣고 오는
수천만 개의 비명,
비명도 불타고 있다.

몸과 몸을 부딪혀
불을 만드는
차돌처럼,

나의 가슴엔
몇 세기를 떠돌던
떠돌이별이
부딪혀 와
한 줄기 불을 만든다.

암실시사회 暗室試寫會

1부

나의 속에는 휘황한 불빛의 침입을
거부하는
짝사랑이 무섭게 울고 있었다.
불빛을 난도질하며 나는 알몸
나는 피투성이로 흔들리고 있었다.
나의 혼은 불빛에 빨려가고
나는 사체처럼 누워 있었다.
나는 누워 있었다.
나의 피는 불빛에 빨려가고
나는 누워 있었다.
횃불을 들고 산 아래에서
내 비밀을 더듬어오는 침묵.
날카로운 예감 끝에서
별은 반짝이고
반짝이는 별은
나의 산술이었다.

나는 눈을 감았다.
관 뚜껑이 덮이고,
기다림이 덮이고,
사랑이 덮이고,
욕망이 덮이고,
하나 남은 울음마저 덮이고,
못질이 시작되었다.
아버지 대신 야경 돌던
처절한 무서움에 대고
못질이 계속되었다.
딱, 딱, 딱—
천리교 박자목 소리까지 합세하고 있었다.
난蘭이의 자궁에
얼음을 박고 얼음을 박고······
나는 완전한 무덤이 되고 있었다.
나를 떠난 목소리들이
하나씩 윤회의 자락에 닿는 것이 보였다.
몸뚱어리가 근지럽기 시작했다.

몸뚱어리가 근질근질 가려웠다.

그러나

나의 변신은 보이지 않았다.

내가 눈을 떴을 때,

나를 감싸고 있던 냄새들은

킬킬대고 웃기 시작했다.

옹달샘같이 차갑고 맑은 정신으로

냄새와 웃음을 빠져나가

나는 유년의 반딧불과

만날 수 있을까.

　　호박잎새에 넣으면

　　동화처럼 아름답고,

　　유리병 속에 넣으면

　　달빛같이 밝아오고,

　　두 손으로 감싸쥐면

　　아아,

　　내 손은 온통

　　불이 되어

　　불이 되어

불이 되어
엄마야!

엄마는 늘 한약을 달이고 계셨다.
스무 첩에
또
스무 첩을
더
먹어도
낫지 않는 아들의 병을 위해
엄마는 늘 한약을 달이고 계셨다.
한약 달이는 냄새 속에서
나는 살고 있었다.
내 사체가 부패하는
냄새를 맡고 있었다.
숨은 아이들의 웃음소리가 킬낄킬낄
딸라 소리로 변질되면서
서울역 명동 광화문

종로 을지로의 불빛이
몽둥이처럼
나를 후려치고 있었다.
거짓을 말아 올리는
혀의
뿌리를 뽑으면
들먹이는 정부政府처럼,
나는 유년의 빠루*로
현대시를 뽑고 있었다.

2부

등을 돌려 호루라기를 불면,
찢어진 예감 위로
비극적인 바람들이 집합한다.
바람을 지휘하고 명령하며

---

* 빠루: 굵고 긴 못을 뽑을 때 쓰는 연장.

약진 앞으로를 외치는 밤마다
내 청령聽領을 넘어서는
한 마리 사냥개.

내 생애 위로
사냥개의 울음이 떠우는
자궁 같은 달.
달 같은 자궁.
송송이 땀방울로 맺히던
그 쾌락의 달빛은 가고
약탈당한 피하 터널 속에서
나는 어느 날
내 몫의 밤을 사냥할 수 있을까.
다양한 지식을 쏘아 맞힐
단 한 발의 실탄도 없이
밤을
물어뜯고

울부짖고
고뇌하는
내 무지의 어디쯤에서
나는 그러한 신기루를 보아낼 것인가.

기억의 언덕을 넘어서면
즐비하게 꺾어진 별빛,
그 별빛을 주워다가
화병에 꽂아
내 방의 어둠을 밝힐 순 없는가.
그러나
실내의 어둠에 밀려나는 별빛,
그 별빛을
포수의 허리춤에서 달랑거리는
꿩으로나 비유할까나.
죽음은 미지의 확인.
암실에서 뽑혀나가는

뿌리를 움켜쥐고

꽃 파는 소녀처럼

　내 발음 안 되는 음성.

　내 향기.

　집에는 늙은 나의 죽음이

　손꼽아

　기다리고 있어요.

　내

　음성

　한 송이만

　사 가주세요.

　네. 아줌마.

　내

　울음

　한 송이,

　내

　울음

　한 송이,

　내

　울음

　내

　음성

　한 송이만

　사 가주세요.

　네. 아줌마.

　내

　울음

　한 송이,

　내

　울음 막고 있었다.

　한 송이,

　내

　울음

한 송이
....
아니야요.
괜찮아요.
이제
밖의 셔터를 내릴 거야요.

내 부러진 생애를 조여 오는
네온의 드라이버.
내 조준 속에서 성욕처럼
비상하는 사물.
기억의 골짝에 보내는 전령도
미지의 언덕에 보내는 정탐도
덫을 놓지 않는 당당함으로
비극적인 바람만을 지휘하며
나는 이 오욕의 거리에서
떠나고 싶다.
1970년대의 혈맥을 달리는

최후의 바람을 따라
가시에 찔리며
여린 피 흘리며
나는
마지막 통곡을 장전한 채
맨발로 떠나고 싶다.

3부

나의 누설된 어휘와
새까만 절망의 한 페이지를
기록하는 손끝에
생애를 운행하는 예감이
이슬처럼 맺혀 있다.
눈을 부르지 못하는 답답한 겨울이
감각으로 찢어지는 무수한 밤마다
내 이마 위로 쏟아지는
고전의 끈끈한 살내음.

내 이마 위에서 부서지는 달빛.
무엇인가
밤의 산울림처럼
나를 전율케 하는
도시의 작화증作話症.
거대한 불빛의 심장을 겨누다가
빈혈로 쓰러지는 순간,
내 언어삽체言語澁滯 속에는 함박눈이
찢어진 무수한 연대의 목젖이
끼륵끼륵
결벽증의 울음을 토해내다가
마침내 바람을 붙안고 엎어진다.
모든 것을 찾아 나선 자는
모든 것으로부터 찾김 당하고,
쉽게 감동하는 자는
쉽게 감동을 주는 법.
나는 내 가치만큼 노획한
인생을 관리할 수 있을가.

"시인은 시로 얘기해야 하며
인간으로 죽어야 한다."
그렇다.
내 감각의 건반을
해머로 깨뜨려
쏟아지는
별빛
한 자락
말씀으로 키우며 살고 싶다.
쏟아지는
별빛
한 자락
눈물로 씻어놓고 죽고 싶다.
시 말고 나는 또 무엇으로
내 생애를 남길 수 있을 것인가.
언어의 처녀성을 발굴하다
죽어간
무너진 갱에서

정신들의 뼈를 추려낼
그 날은 올 수 있을까.
아, 환상 너머의 광맥.
깁지 못한 예감이
봉함엽서로 다가선다.
밤마다
네온의 보간법補間法은
나를 참망讒妄 속으로 밀어 넣어
비염색질의 개성을 심문하고
나는
경기도평택군송탄읍지산리805번지
내 주소를 염불처럼 외어댄다.
이미지의 누공瘻孔
직관의 맥류.
서투른 지적을 피하는
내
손가락.
불빛 돌아서 신음하는

나의 입 속엔
최후의 발음이 성공할
시간들의 혀가
묵은 충치를 부셔내고
새로운
인식의 이빨을 건축하고 있다.
암실.
밤 12시.
비로소 수족을 움직이는 언어
허공을 날아다니는
조심스러운
숨토막들이 보인다.
이불 속에서 내 관념의 사냥은
활기를 띤다.

4부

잊혀진 고향의 노을을

팔랑이며
원고지 위를 날아다니는
한 마리 고추잠자리.
잠자리채를 쥐고
달려가는
아이들의
눈동자 속에
여름의 발기력이
투명한 지각으로 앉아 있다.
나의 회상은
빛을 모으는 볼록렌즈.
볼록렌즈는
누님의 유방처럼 불을 만들고
확실한 주검을 만든다.
그런 분위기 속에서
시차의 혼성음이 들려오고
내 의식의 레일 위엔 24시간
곡간마다

사랑하는 이의 기도를
가득 실은
귀환열차가 달려온다.
오다가
목쉰 기적 소리를 토해내며
통금의 자궁으로 기어들어간다.
·················
·················
내 의식 위에 찢어져 뒹구는
몇 계절의
피 묻은 캘린더를
손끝으로 긁어모으며
나는
전신주에 지친 이마를 기대고 있었다.
　　나의 고통을
　　고통이게 해주세요.
　　나의 울음을
　　울음이게 해주세요.

정신 차리게
나의 환부를 보고 싶어요.
정신 차리고
나의 인생을 살고 싶어요.
팔을 잘라내고,
다리를 잘라내고,
심장을 도려내고,
눈깔을 뽑아가도,
끝내
아픔을 모르는,
마취는 견딜 수 없어요.
마취사여,
마취사여,
당신은 우리 아버지가 소작하던
땅의 임자처럼
나를 꼼짝 못하게 하고
나를 상황으로부터 잠재우고
나의 정신을 낭자한 모국어의
핏속으로 몰아넣지만,
지금은
바람마저

마취당한
겨울, 겨울이어요.
갈라터진 우리의 가슴에
서정이 증발한 함박눈이
내리고 있어요.
너무 일찍 모든 걸
보아버렸나 보다.
너무 일찍 모든 걸
느껴버렸나 보다.
너무 일찍 모든 걸
말해버렸나 보다.
건방진 아이로 죽기보단
깨끗한 젊은이로 죽고 싶다.
2홉 소주와 오징어 다리 몇 개 사갖고
할머님 무덤이나 찾아가
엉엉 엎어져 울고 싶다.
울다가 잠들고 싶다.
잠 속에서나 너를 만날까.

만나서 동상 걸린 울음 쓸어안고 궁글며
도시의 빙판에 나뒹굴지 않을
최후의 시를 쓰고 싶다.
내가 불빛을 향해 발사한
정액은
어떤 아가로 태어날 것인가.
내 소유를 벗어나 변질하는 사물.
그 사물을
노련한 암살범처럼
정확히 쏘아가며
쓰고 싶은 것만을 쓰면서
나는 완전한 내 생애를 갖고 싶다.
구겨진 바지에
올바른 주름을 잡듯,
구겨진 이성에
올바른 주름을 잡고
다리미처럼
내 짧은 생애를 다리며 살고 싶다.

5부

비정의 도시에서
화대처럼 받아 쥔 정찰正札의 언어로
나는 무엇을 창조할 수 있을까.
지난날
내가 조심스러운 몇 개의 비밀을 갖고
여행을 시작했을 때,
내 암실을 검문하고 조회하던 사내여,
내 유일한 증명서는 죽음이다.
아니 너의 진실을 앞질러 달리는
절망이다.
감동이다.
투쟁이다.
비밀을 위해 비밀을 버린 내가
사랑을 위해 사랑을 버렸다는
어떤 유행가 가수보다
더 절실해질 때,

아아,
마지막 비밀에 물을 주는
아늑한 내 생애이고 싶다.
국민학교 1학년 학생의
터지는 질문과
재떨이에 앙상히 남아버린
담배꽁초의 분노.
그 두 개의 삽화 속에서
탄생한 반딧불이여,
영혼의 슬픈 상처를
반짝,
반짝,
반짝이며
혼자의 길을 떠나는
내 서러운 혼이여,
이제
내 누설된 절대의 암실,
내 버려진 1인의 사냥터.

실어증과 울음과 시와 가정과
생애까지를 빼앗기고
알몸으로 시의 외곽으로 밀려나오는
내 등 뒤에서 예포를 쏘아 올리는
밀렵꾼.
실탄을 장전하는
도시의 불빛.
지루한 여름의 장마 끝에서
신기루처럼 나타난 반딧불이여.
너는 이겨낼 수 있는가.
내 암실을 비춰대는
지식의 눈빛
그 가공의 눈빛을
너는 이겨낼 수 있는가.
　참외 서리의 시단詩壇.
　1인의 눈물을
　마구잡이로 따낸
　과일.

표절자여, 그대가 따낸 과일,
그것은 '내 것'이 아니다.
정말 '내 것'은
인식의 철조망을
기어 들어가고
나오고 할 때,
긁힌 등허리의
핏자국과
무릎과 팔꿈치의
상처.
그것이 오히려
더 완전한 '내 것'이다.
남의 밭에서 참외를 훔쳐내듯
그렇게
1인의 개성을,
1인의 눈물을,
1인의 한을,
1인의 암실을,
훔쳐낼 수는 없는 것이라고
나는 굳게 믿고 있다.
그렇다. 이제 내게 남은 것은

한 방울의 눈물.
눈물로 도시의 교활한 불빛을
쏘아 떨구는,
눈물로 여인의 불타는 자궁을
쏘아 흔드는,
아아,
나는 세기말의
명사수일 거나.
명사수일 거나.
눈물만 한 거리에서
임종 직전의 햇살들이
우수의 북소리로
하늘 끝까지 퍼져가는
아, 내 하의식下意識의 붕괴.
낙인 찍힌 핏빛 상실이여,
맑은 호수의 수면 위엔
내 노을을 몰고 하늘을 달리는
밀렵자들의 발자국에 밟혀

낙엽처럼 떨어진

구름

몇 송이

떠돌고

나는 몇 세기를 쉬었던

무서운 전염병의 방문을 받는다.

시와의

사적인

회담.

이제 나는 고백할 것이 없다.

방향 모를 곳에서

전파처럼 날아온

고뇌의 언어들의

폐어肺魚처럼 잠든 곳.

내

감성의 바다.

봉랍封蠟.

끝

3부

쑥고개

심청을 위하여

− 쑥고개 1

헐벗은 우리의 가슴에
한 잎 낙엽으로
떨어져 썩기 위하여

인당수보다 더 깊고 깊은
미군들의 털북숭이 가슴에
얼굴을 묻고 흐느끼는 누이야.

네 몸과 바꾼 15불의 화대로도
애비들의 눈은
뜨이지 않는다.

아름다운 연꽃은
끝끝내
피어나지 않는다.

내의 껴입을수록 더 추워지는

이 겨울을
맨 정신으로 살아내기 위하여,

눈 부릅뜰수록 더 어두워지는
이 세상을
좀 더 바로 보기 위하여

인당수보다 더 깊고 깊은
수렁 속에 던져진
우리들 마지막 기다림 하나.

소박
― 쑥고개 2

한반도의 어둠을 몽땅 실어다
부려놓은 마을에서 누이야.
너는 갇힌 곤충처럼
슬픈 더듬이를 흔들며
아름다운 모국어로 아름다운
사랑을 노래한 시가 읽고 싶다고,

몸은 비록 미군의 품안에서
달러로 길들여져 가더라도, 가슴은
아름다운 모국어로 아름다운
사랑을 노래한 시가 읽고 싶다고,

그러다가 결혼해서
달러를 따라 마을을 등지고
손 흔들며 떠나던 누이야.
가서는 시집살이 3년을 반도 못 채우고
더 큰 어둠으로 되돌아온 누이야.

오늘 네 손끝에서 타고 있는
양담배 한 개비가
아름다운 모국어로 아름다운
사랑을 노래하지 못하는
내 가슴을 태우고 있다.

발길질
─ 쑥고개 3

몸값 떼어먹고 달아났던
존 뭐라는 다섯 번째 남편
미군 전용 홀에서 붙잡고
몸값 내놓으라고 외치다가
군화 자국도 선명한
가슴으로 너는 갔지만,
알코올 중독에 의한
무슨 질식사로 다음날
네 사인은 설명됐다.

끝내 죽음마저
몸값처럼 뜯긴 채
누이야 너는 갔지만,
너는 우리들 가슴에
선명한 군화 자국으로 살아 있다.

빛을 고르는 노모의

안경알로 잠겨오는
네 슬픈 영혼의 불꽃,
조카들의 도화지가 불타고 있다.

노을

― 쑥고개 4

마을은 철조망 속 휘파람
소리 일찍 저물고
저문 들녘의 무거운 정적 속에서
구중의 땅 밑을 헤매던
누이의 눈물은 피가 되었다.
왕복 엽서처럼 구겨질 대로 구겨진
누이의 눈물은 피가 되었다.
철수하는 미군의 가슴이나
태평양이나 아메리카로도
닦여지지 않는
누이의 눈물은 피가 되었다.
십자가에 못박힌 한반도의
가장 참혹한 노을이 되었다.

기도

― 쑥고개 5

면도 자국이 시퍼런
하늘에서 아버지,
꿈에 그리던 당신의 얼굴을
확연히 볼 때까지

아무것도 안 봤던 걸루, 지상에서
끝내 나는 아무것도
들꽃과 가랑잎과 빗소리와
고비사막을 달려온 바람도
나는 끝끝내 만나지 않았던 걸루.

면도 자국이 시퍼런
당신의 얼굴이
온통 노을로 물들어
서녘으로 기울 때까지.

사랑
— 쑥고개 6

간직할 수 없어.
가뭄처럼
우리의 젊은 가슴
시커멓게 타,

눈도 타고 입술도 타고
오, 보이는 것은
모두 감전사感電死한 풍경뿐.

손톱으로 생철을 긁듯
바람은 소돔 성에서 불어와
시커멓게 탄
우리의 가슴.

노을이 된
정현이 언니처럼 나도,
미쳐서 아름다운

사랑 하나
간직할래.

촛불
— 쑥고개 7

우리 동네 하늘은 항시
함박눈을 펑펑 쏟아줄지도 모를
그런 표정으로 어둠만을 짓씹고 있었다.
알파벳이 수없이 섞여 씌어진
거리의 간판과 가로의 불안한 냄새.
그 냄새뿐인 누이들의 철길.
현란한 인공의 불빛이
침울한 어둠을 몽땅 실어다
기지촌 4번지 혹은 18번지 골목에다
몇 짐이고 부려놓으면
나의 하늘은 밤새워 그 어둠을 짓씹고
오늘도 끝내 눈은 내리지 않았다.
아, 성급한 아이들은 눈을 훔치러
북국으로 북극으로 달려만 가고,
나는 남아 있었다.
밤마다 내 영혼을 곤두박질시키며
나는 남아 있었다.

남아서 불타고 있었다.

현장

– 쑥고개 8

I
우리네 좁은 논밭에 앞뜰에
밥상에 풀풀 묘한 화장지나 휘날리고
휘날려서 소녀의 꿈도 수줍음도
아름다움도 모두 다 덮고 덮어서
이제는 건넛마을 순자도 내 사랑 구멍가게 집
큰딸도
미군들의 품안에서 달러로 완성되었는지
말았는지.
모를 일이다.
우리네 지조를 흔드는
달러의 힘은 얼마나 위대하냐.

II
에이프램 홀의 DJ로 일하다가
미 정보장교 앤더슨의 손목 잡고
물 건너간 명자야.

가서는 가당찮은 외신처럼 꼬박꼬박
동생들의 학비를 보내오는 심봉사의
딸들아,
나는 오늘도 술을 마신다.
구멍가게 집 큰딸이 보고 싶어서.

III
미군부대 하우스보이 재악아,
달러처럼 반짝이는
양키들의 구두를 닦다가 훔치다가
이제는 뚜럭잽이 별 네 개 달고
큰집에 간 친구야.
밤마다 달러처럼 난폭하게 빛나는
너의 반생을 본다.
네 마누란 뭘 하는지 너는 모른다.

IV
전쟁이 쑥밭을 만든 쑥고개의 순결.

쑥고개를 씹고개로 발음하는 외지 친구야.
우린 모두 일용할 양식을 위해
알파벳 같은
펨프가 되고
양갈보가 되고
짜도 짜도
눈물 한 방울 흐르지 않는
이처럼 캄캄한 절망이 됐다.

개보초

― 쑥고개 9

낮에는 자고 밤에는
송아지만 한 개와 함께
미군 부대 철조망을 지키던
말없는 돼지형을
우리는 개보초라고 불렀다.

낮에는 자고 밤에는
쉿소리를 숨기며
미군 부대 철조망을 배회하는
쑥고개의 헛된 젊음들을 지키면서
돼지형은 스스로가
철조망이 되어갔다.

펜치로 끊겨져 나간
제7 철조망 곁에
복부에 깊은 칼침을 맞고
돼지형과 송아지만 한 개가

나란히 나뒹군 다음부터
쑥고개의 밤은
숨겨졌던 섯소리가
거침없이 들리고,
철조망 주위에는 전시처럼
살기가 감돌았다.

권총을 찬 MP들을 볼 때마다
큰댁 형수는
깜짝깜짝 놀라면서
세 살짜리 조카딸을 끌어안고 흐느꼈다.
내 불쌍한
개보초의 새끼야를 되뇌이며……

낮에는 자고 밤에는
송아지만 한 개와 함께
미군 부대 철조망을 지키던
말없는 돼지형을

우리는 개보초라고 불렀다.

우리들의 발
―쑥고개 10

슬픔의 어깻죽지에 숨어 있는
당신을 보았다.
당신의 손은
매니큐어로 아름다웠고
나의 손은
허둥대며 흰 벽과 W베드와
술병과 화장대를 짚어대며
야도를 부르짖고 있었다.

당신은 울지 않았고
나도 울지 않았다.
'무궁화꽃'으로 헤어져
'야도'로 만나는 슬픈 사랑을,
삼천리 강산을 닮은
알파벳의 기침 소리를,
우리는 울지 않았다.

당신은 검은 사내를 밀어내고
나는 스위치를 끄고 우당탕
우리들은 유년의 미루나무를 향해
앞서거니 뒤서거니 이를 악물고
달리기 시작했다.
도시의 번화한 차도와 기아선상과
담화문과 절망을 건너뛰고
비척거리며 달리는 우리들의 발.

사랑이여,
당신의 발은 어느덧 하이힐도
샌들도 부스도 슬리퍼도 아닌
옥색 고무신이었고,
나는 맨발이었다.

비가悲歌 I
― 쑥고개 11

어둠은 신의 청진기.
하나 남은 피리어드를 지키는
잠들지 못하는 자의 몫이다.
기다리고 또 기다리는 자의
가슴 섶을 헤치고,

어둠은 신의 청진기.
첫사랑의 눈물이 되기도 하고,
엄마의 약손이 되기도 한다.

다시 어둠은 신의 청진기.
가까이서 더 가까이서
행과 행 사이에서
이빨과 잇몸 사이에서
만날 수 없는 그대와 나 사이에서

어둠은 신의 청진기.

모든 절망을 마무리하는
콤마의 신음을,
그 발음되어지지 않는
슬픔을 들어낸다.

비가 II
－ 쑥고개 12

한 장의
리트머스 시험지일 뿐.

끝내는
한 장의
리트머스 시험지일 뿐.

나는 끝없이 버림받은
더럽혀진 1행일 뿐.
한 사람의 전 생애가
시대의 실험관 속에서
무너지는
외로운 반응.

정전.

나는 버림받은 짝사랑일 뿐

밤마다 그대 창문에
창백한 얼굴을 묻고 우는 바람일 뿐.

비가 Ⅲ
— 쑥고개 13

신기루일 뿐.
그대에게 끝내

허상으로 확인되는
나는 저주받은

한 컷의
필름일 뿐.

어둠속에서 어둠과 함께
형체도 없이 사라지는
나는 한갓 바람일 뿐.

목마른 그대에게
끝끝내 참혹한
신기루일 뿐.

비가 IV

― 쑥고개 14

꽃밭에서 꽃밭으로
생각보다 강한
울음을 옮길 때,

마음에서 마음으로
울음보다 강한
사랑을 옮길 때,

어둠이 닿아
끊어지는 꽃잎.

꽃잎의 환상은
젖은 영혼의
긴 속눈썹이네.

아,
잊혀진 불빛이네,

내 잠 속에서
꿈결의 무늬를 뜯어내면
강물에 꽃잎 나려……

아아,
영원한 일어─語의 죽음.

수화

– 쑥고개 15

나의 손짓을
누가 아는가.

오후 두 시의 요란한 햇살은
개펄에 머리를 쑤셔박고
몸부림치는데……

나의 가슴을
누가 아는가.

씨앗을 흙 속에 묻으면
생명의 싹을 틔우는 것처럼,
말도 가슴 속에 묻으면
생명의 싹을 틔울 수 있는데……

누가 아는가
나의 사랑을

별
– 쑥고개 16

넓은 바닷가
한 알의 모래가
조개의 살 속 깊숙이 죽어가
마침내는 그 속살의 근육으로
자신을 빛나는 진주이게 하듯,
나는 부활하리라.
어둠의 가장 깊숙한 곳에서 쓰러진
내 영혼을 마침내
빛나는 별이게,
인간의 심성을 가장 맑게 비춰주는
하나의 별이게 하리라.

불침번

− 쑥고개 17

방한모를 벗고
귀를 세운다.

감성의 이랑에 고이는 샘물.
샘물이 바다가 된다.

기억의 바다에
면도날 같은 고독이 잠수한다.

아아, 보류해둔
1행의 호흡.

아침 바다를 구워낸 유리 같은
감성이 쨍그렁 깨지는 소리.

어둠을 찌르는 손가락 끝에
생선처럼 퍼덕이는 울음이 닿는다.

예감이 닿고,
주검이 닿는다.

양말

양말 사이로 빠져나온
엄지발가락의 발톱에
가위를 대다가
발톱 사이에서 꼼지락거리는
나의 더러운 때와 음모를 깎아내다가
친구여, 나는 문득
달리는 골목의 기억과
굶주린 유년의 빗소리를 듣는다.
아, 그 숨찬 맨발의 자유.

소묘

─ 쑥고개 19

무지개가 잠깐 보였어.
거미줄에 걸려 필사의 몸부림을 치는
한 마리 잠자리의 날개 빛에 어린
내 영혼의 넓이를 잴 수 있었네.
허물어진 담벽 사이로 보이는
핏빛 하늘엔
굶주린 구름의 일가一家가
마지막 혓바닥을 길게 빼물고
죽어버렸고
거미는 네 쌍의 긴 발을 교묘히 움직여
마침내는
하나의 슬픔을 완벽히 가두고 있었지.
아, 무지개가 보고 싶어.

팔매질
- 쑥고개 20

수면에 뜬 구름을 찢으면서
강 건너 마을까지,
꿈 속 깊이까지,
나를 울린 그대의 처녀막까지
금빛 지느러미를 번뜩이며
돌팔매로 날아가는
이 처절한 그리움을 어이하리.

내 기다림의 끝에서
인용보다 두려운 노을 지고,
어느덧 나는
비정한 도시의 불빛을 찢고
영원한 유년의 삽화 속으로
날아가는 한 개의
돌팔매가 되어 있었다.

노을

─ 쑥고개 21

내가 흔드는 다섯 손가락
사이로 빠져나가는 슬픔을 본다.

나는 늘 떠나보내는 역할만 맡았다.
이제 떠나보낼 것 다 보내고
나는 떠나는 자들이 깨우쳐준
아픈 사랑을 생각한다.

목 졸리는 불안이나 공포, 그리고
혀끝을 감미롭게 스며들던 행복이나
아니면 끝없는 절망감을 향해
내가 흔들던 다섯 손가락 사이로
현악기의 끊어지는 선처럼
섬찟하게 불어오던
바람의 참뜻을 나는 생각한다.
기다림뿐이었던 나의 반생을 생각한다.

오늘 내가 허공을 향해 흔드는
다섯 손가락 사이로
눈물에 가려 잘 안 보이던 구름이
피를 쏟으며 서녘으로 기울고 있다.

행낭섬 까치

— 쑥고개 22

뭍에서 외신처럼 날아든
절망적인 부호로
한 마리 까치가 울 때,

기다린 소식 하나
소문처럼
목뼈가 부러짐.

가슴에 남은 사랑의
징검다리 하나
엽서처럼 날아감.

동해물과 백두산이
마르고 닳도록
빌고 원해도 안 보임.

산 너머 남촌의 바람도, 꿈도,

칠월칠석의 오작교도
모두 부러짐, 날아감, 안 보임.

서러운 순이 노래
흐느끼며 나도 함께
듣고 있나니.

탁한 황해 바다에
익사한 바람아,
그리운 까치야.

이슬비
― 쑥고개 23

너와의 성좌에서
밤마다
내 영혼이
흐느끼는
눈물.

너와의 별로
다시 이주하기 위하여
나는 밤마다
내 동정을 찾아 헤맸다.

어둠은 더욱 짙어지고
나의 기다림도 끝나고
아, 지상엔 온통
너와의 성좌에서
내 영혼이 흐느끼는
눈물.

축

─ 쑥고개 24

─당신은 뻔히 죽을 줄 알면서도 끝끝내 포기하지 않고 가는 바둑판 위의 축을 본 적이 있으시겠지요.

동쪽에서 뜬 해가
서쪽으로 지는 동안
까마귀가 까악 까악 까아악
세 번 울고
여기 저기
부대껴볼 데 하나 없는
버림받은 목숨 하나
몰릴 때까지 몰리다가
연기처럼 하늘로
떠올라가
구름이 된다.
구름이 되어서도
끝끝내 축으로만
몰리다가 자결,

노을이 된다.
동쪽에서 뜬 해가
서쪽으로 지는 동안.

걸레
— 쑥고개 25

나는 하루에도 몇 번씩
죽어 자빠지고 부활한다.
첫사랑의 귓속말 찾아
마루의 흙먼지와
방 구석구석의 곰팡내를 핥아낸다.
나의 다 해진 혀끝과
구정물에 젖어 구정물이 된
내 영혼은
세숫대야 속에서 몸부림치며
그 새까만 절망과
무수한 간음을 노래한다.
아, 걸레이기 전에
처음 나의 이름은 당신의 무엇이었나.

면도 Ⅰ
− 쑥고개 26

유난히 털이 많다고
내 애인은 나를
털보라고 불렀다.

유난히 눈물이 많다고
내 애인은 나를
울보라고 불렀다.

유난히 겁이 많다고
내 애인은 나를
겁보라고 불렀다.

나는 그저 불리고 있었다.

털보 겁보 울보로 불리다가
나는 마침내 애인마저 빼앗긴
바보가 되었다.

그 후부터 나에겐
절망의 털이 두 배로 돋고
나는 밤마다 목젖을 밀었다.

밀어낼수록 더욱
뜨거워지는 분노의 뿌리
사랑의 샘을 보았다.

반쪽뿐인 거울 속에서 시퍼런
면도날을 빛내며 절망을 밀었다.
절망이 사랑이 될 때까지.

오, 피가 될 때까지.
피가 되어
나의 3보를 적실 때까지.

면도 II
―쑥고개 27

비겁한 것은
살 속 깊숙이 숨어 가
그리움이 되고

소중한 것은
살 밖으로 나타나서
털이 되는데.

코밑에서 턱밑에서
이렇게
밀어도 밀어내도

자꾸자꾸 뜨거움이 되는데
눈물이 되는데
왈칵 흐느낌이 되는데,

애인이여, 내가

시퍼런 면도날이 되어
잠든 네 목젖을 누르거나

네가 예리한 면도날이 되어
잠든 내 목젖을 눌러야만,
그래야만

우리들의 언어는
비명이 되거나 피가 되거나,
되어서 쓰러지거나 일어서거나 하겠지.

누가 시퍼런 면도날로
이 발음 안 되는 내 목젖을
힘껏 눌러다오.

소문

- 쑥고개 28

때 : 오늘

곳 : 여기

<등장인물> : 반딧불들, 손(발광체)

<무대>

어둠을 몇 짐이고 부려놓은 듯 무대 전체가 깜깜 절벽.

무대의 전면과 후면에 투명 유리를 세워 무대 우측에서부터 좌측으로 커다란 유리 통로를 만든 셈이 되나, 객석에선 전혀 눈치채지 못한다.

(눈치채도 무방함)

막이 오르면 무대는 흡사 커다란 흑판. 글씨 연습하듯 무대 우측으로부터 한 마리 반딧불이 나타나 반짝반짝 삐뚤삐뚤 날기 시작한다.

동시에 격려의 박수 같은 음악.

음악 점점 회상적인 선율로 바뀌며 반딧불 바닥으로 가라앉는다.

새벽 숲의 신비가 다져진 이슬을 발목에 감고 서둘러 산허리를 넘는 나무꾼처럼 반딧불 다시 반짝이며 칠흑 같은 어둠 속을 좌측으로 헤엄쳐 간다.

　음악, 돌연 이상한 파열음을 내면서 반딧불은 불꽃놀이의 불꽃처럼 별안간 한 마리에서 두 마리로 갈라지고, 다시 더 큰 파열음과 함께 두 마리에서 네 마리로 퍼지고, 네 마리가 여덟 마리로 퍼지고, 다시 좀 더 큰 파열음과 함께 여덟 마리가 열여섯 마리로, 다시 더 큰 파열음과 함께 열여섯 마리가 서른두 마리로 퍼지고, 또 퍼지고, 또 퍼지고, 또 퍼지고……

　무대는 반딧불 빛으로 하여 조금쯤은 밝아진 느낌이나 역시 칠흑 같은 어둠이다.

　조급한 음악.

　손이 불쑥 나타난다.

　전신은 보이지 않고 손만 날렵하게 나타나서 한 마리씩 잡아 죽이기 시작한다.

　한 마리 잡아 죽이고 또 한 마리 잡아 죽이고 또 한 마리 잡아 죽이고 또 한 마리 잡아 죽이고 재빠르게 잡아 죽이고 날쌔게 잡아 죽이고 민첩하게 잡아 죽이고 감쪽같이 잡아 죽이고 이리 죽이고 저리 죽이고 닥치는 대로 죽인다.

반딧불이 무대를 건너지 못하게 필사적으로 잡아 죽이는 어떤 손.

반딧불이 단 한 마리라도 긴 무대를 건널 때까지 그 행동은 재빠른 동작으로 되풀이 계속된다.

동작 하나하나마다 무척 침울하면서도 시니컬한 음악. (적당한 곳에서 막)

제기차기
— 쑥고개 29

I
비정의 도시에서 헐렝이 제기 차는
내 발의 동상을 감싸고 우시는 엄마야,
불빛에 닳은 폐결핵의 신발아,
눈물로 햇살 몇 움큼 차올리면
하늘 깊숙이 퍼져가는 노래.
영원한 마을엔 눈이 내리고 있을까.

II
색동옷 입고 양지쪽에서
버선발로 제기를 톡톡 차올리던 난이는
지금 기지촌 어느 변두리 W침대에서
몇 개의 성욕을
어두운 신음으로 차올리고 있을까.
우리 감히 신발을 벗을 수 있을까.

Ⅲ
십 원짜리 제기를 사주지 못해
엄마는 가슴을 찢고
나는 신발을 찢고……
아, 온통 찢기고 찢어지는
우리나라의 어둠이여, 마음이여,
영원한 마을엔 신발을 품고 자는 아이가 있을까.

딱지치기
─쑥고개 30

내 유년의 모퉁이 마흔 네 개의
팔들이 웃음을 쥐고 뛰어오고 있었다.
살의가 빙글빙글 도는 네온가에서
나는 어지러움으로 넘어가고 있었다.
도시의 거대한 근육에
찢어지고 넘어가고 있었다.
쳐도 쳐도 힘줄이 미치도록 쳐도
넘어가지 않는 두려움이여,
앞뒤를 분별할 수 없는 딱지여,
아아, 권력의 마을로만 달아나는 구름
보루와 의태의 본성 가운데서
오늘 나의 울음이 넘기는 것은
온통 확인할 수 없는 어둠뿐이었다.
슬픈 기억의 매듭뿐이었다.

뎅구치기
― 쑥고개 31

I
엄지와 중지 사이에서
저마다 완전한 내 것으로 떠나는
구슬의 환생법.
영원한 동심에서 닦인
구슬의 빛깔을
친구여,
너의 팔레트에서
골라낼 수 있을까.

II
나의 눈을 쏘고 달아나는
차거운 쇠마다
온통 피 흐르는 시계.
피 묻은 미지의 무늬가 보인다.
햇살이 찰랑이는 뎅구마다
난이가 앉아서 미소로 흔드는 손수건.

나는 표적할 수 있을까.
빙하의 고립에서
어머님의 실타래에서
동시에 풀려나는 현기증
나는 감별의 눈을 뜬다.
아, 선악과를 따 먹은 듯
눈부신 욕망……

III
도시는 화경알이 되어
내 유년의 근육을 녹이고 있었다.
아픈 살을 뚫는
네온과 기교의 신기루.
나는 쓰러져 구슬을 보고 있었다.
아, 목말라 사적私的으로
죽어가는 진실.

눈쌈
— 쑥고개 32

I
온돌방에 마주앉아
지남철 같은
서로의 시력으로
발음 안 되는 슬픔을 골라내자
전생을 걸고 눈쌈을 하자.
침묵과 미소와 성욕과 승부를 묻어둔
여인의 눈을 쏘면,
과즙 같은 향기 퍼져
내 시린 눈 속에는 어느덧
살 웃음 돌다 샘물 고이네.

II
몇 개의 완전한 겨울이
알몸으로
내 눈을 방문한다.
끝내 감을 수 없는

내 고독한 연대年代의 눈 밑으로
아픈 눈물알 흐르고
아, 밤새 고비사막을 달려온
어질병 바람처럼
나는 알몸으로
시의 황야를 달린다.

Ⅲ
당신의 눈 속을 달리는 내 슬픔.
내 눈 속을 달리는 당신의 슬픔.
슬퍼하는 자만이
정직한 분별을 아느니
사랑아,
시린 눈을 부릅뜬
새벽 이슬아.

팽이쌈

끊어질 듯 이승에 걸어놓은
어머님의 전생처럼
팽이가 돌고 있다.

그늘에서 그늘에서만
모든 울음을 날리는 팽이여,
깜박 사할蛇蝎의 총알이 날아와
크레파스로 짓뭉갠
너를 찍을 때,

누이가 빼앗긴 처녀성이
반딧불 되어
고향 산천을 날아다니며
반짝, 반짝,
달러 소리를 낼 때,
목메게 떠나간 시간을 부르는 팽이여,
그러다가 처참히 쪼개지는 팽이여,

내가 쪼개진 술병을 들고
오늘 이렇게 다시 멍하니
기억의 입구에 서면,
내 영혼을 찢어 흔드는 소요.
진물 나는 우수를 살랑이는 바람.

도시의 밤은
칼날 같은 이빨들이 모여 살고
나는 옭매듭진 끈으로 운명을 던지고 있었다.

연가
— 쑥고개 34

생명을 가진 모든 것의 근육은
얼마나 아름다운가.

사랑에도 근육이 있다면
그것은
울음 불러내는 자력 아닐까.

내 사랑은
최후의 울음끼리 만나고 밀어내는
아픈 관념의 N · S.

어둠 속에서도, 음악 속에서도
아아, 콘크리트 벽도 뚫어내는
사랑아,
너의 피나는 진실한 마음 하나
시처럼 붙안고 궁글며
나는 인생을 전문電文처럼 스치는

영혼의 불꽃,

최후의 발음이고 싶다.

한약을 달이며
－쑥고개 35

아들의 건강을 걱정하는
어머님의 반생이
보글보글 약탕관 속에서
괴로운
속앓이 몸부림을 치신다.
나는 다시
얼마만큼 더 많은
전생의 몸부림을 마시고
까무러쳐야 하는가.
독기처럼 전신을 훑어 내리는
영감의 크레졸 냄새를 미행하던
시詩에의 눈물.
사랑이여,
그대는 쓰디쓴 한 사발의
양심을 짜내기 위하여
아비규환의 약탕관 곁에
쪼그리고 앉아본 적이 있는가.

앉아서, 나는 앉아서 운다.
스무 첩에 또 스무 첩을
더 먹어도
낫지 않는 슬픔을 위하여
나는 쪼그리고 앉아
네온가에 쪼그리고 앉아
나의 전생애가
울음 우는 소리를 듣고 있었다.

영문간판
─ 쑥고개 36

고향에 가면
부르고 싶은 이름 많아도
끌어안고 싶은 그리움은 없네.
반디산에서
반짝이던
반딧불처럼
원래 살던 주민들은
산처럼 ꭙꭙꭙ
다들 어딘가로 밀려가고
돈독 오른 서울 사람들만 모여들어
싸게 사들인
산값
땅값
집값
몇 배로 뛰어오른 것도
부족하다고
영문 간판처럼

입맛 다시고 있네.

잔디

고향에 가면
큰댁도 고모네도
진용이 아저씨네도
이젠 다들 어딘가로 뜨시고,
뜨지 못한
어머님만
앓다가 죽어서
건지미 뒷산
할아버지 발치께에
외롭게
누
워
계
시
네
누워서
그리움 자체가 되어 가시네.

무덤 위로 삐져나오는

모스 부호

같은 잔디.

조각칼
― 쑥고개 38

고향에 가면
「고향의 봄」을 함께 부르던
어릴 적 동무들은
다들 우울한 소문 속에 갇혀 있네.
미군에게 세 번
소박맞고 다시 미군 홀에서
퇴역으로 눈칫밥 먹고 있다는 정순이,
양계장하다 망한 해병대 출신
털보는 진일이와 함께 요즘
K55 비행장에 노가다로 나가고 있고,
목천에서 농사짓던
영농후계자 금영이는
새파랗게 젊은 처자식을 남겨두고
허망하게 죽었는데,
무명의 조각가 조순조는
집도 없이 직장도 없이 이 악물고
조각칼로 자신의 살점 후비듯

쑥고개의 어둠을 파내고 있는데,
라면이라도 끓여먹을
분노를 키우고 있는데……

못난이 인형
— 쑥고개 39

고향에 가면
부대 앞 다섯 평 반짜리
완구점에 세들어 있는 상용아,
1억 5천만 원이면
평당 얼마나 되는 거냐고,
가게 다 때려 엎고
취직이나 할까부다고 흥분하던
버클리 대학 출신 농학박사야,
가게 구석에 몰려 있는
완구들은 알아줄까.
3년만 기다리면 되는 농장주의 네 꿈을.
인환이는 택시를 몰고,
재규는 인분차를 몰면서,
그래도 가장 출세한 우리들의 민우가
서울서 내려오는 날이면
다들 모여 소주도 마시고
고스톱도 친다면서

완구점의 못난이 인형을
흉내내는 못난 친구야.

하북 냇가
－ 쑥고개 40

고향에 가면
보고 싶은 것도
듣고 싶은 것도
먹고 싶은 것도
모두 미국화된
고향에 가면,
이제는 하북 냇가까지
그들의 정액이 흐르고 있네.

석수
너 몸 많이 약해졌다는
소문 들리던데
오늘 이왕 내려온 김에
내일은 아예 개 한 마리 잡아서
우리 모두
하북 냇가로 놀러 가자는
전과 4범 인분차 운전수

유재규 동무 말 들으면서
까닭 모를 눈물 흘리네.

발문

— 박석수를 말한다

그래프의 안과 밖
— 박석수를 말한다

이 외 수
(시인)

　나는 그가 시인인 줄 몰랐었다. 아니, 내가 오래 전 병식에서 혼자 읽고 운 적이 있는 「술래의 잠」을 쓴 바로 그 시인이라고는 전혀 생각하지도 못했었다. 그는 처가살이를 하고 있던 나를 소설가 김성동과 함께 찾아와서 현지 스케치로 취재를 했었다. 우리 셋은 지그재그로 인사를 하고 소양강 줄기의 어느 횟집에 들려 이스라엘 잉어를 안주로 술을 마신 적이 있었다. 그것이 우리의 첫 만남이었다.

　그 후 그는 『소설문학』의 표지에다 내 흉악한 몰골을 싣자는 거였는데 나는 도무지 마음이 내키지 않았었다. 그래서 그 문제를 일단 보류하고 나는 그와 함께 여관방에 들어앉아 술을 마시자고 제의했었던 걸로 기억된다.

　마지못해 대낮에 여관방에 들어앉아 술잔을 들고 있던 그의 모습을 나는 언제까지나 잊지 못할 것이다. 연약하고 부드러운 새의 깃털 하나를 뽑아서 슬쩍 한번 건드려 보아도 그는 필시 맥없이 쓰러져 버릴 것 같았다. 그런 분위기의

남자와 가지는 술자리가 신바람이 날 턱이 있겠는가.

그때부터 나는 되도록 그와는 술을 마시지 않기로 작정해 버렸다. 그는 언제나 그런 분위기를 가지고 있었다. 술만 마시면 어쩌나 피곤해 보이는지 마치 저 번잡한 서울이라는 도시가 그의 피와 기름과 수분을 모조리 착취해 버리고 이제 젖어 있는 곳이라곤 눈시울 한 군데뿐이라는 생각까지 들 정도였다. 게다가 그는 남달리 크고 유순해 보이는 눈을 가지고 있었으므로 술을 마시고 피로한 기색으로 앉아 있는 그의 모습을 보면 까닭도 없이 슬퍼지곤 했었다. 사무적인 일로건 개인적인 일로건 만나서 헤어질 때로 마찬가지였다. 매번 그의 뒷모습에서 짙은 고독의 그림자를 떨쳐버릴 수가 없었다. 그는 목말라 하며 생활의 등짐을 지고 서울의 밤거리를 홀로 걷고 있는 한 마리 외로운 노새 같아 보였었다.

그러나 아니었다. 알고 보니 그는 철저하게 외로운 사내이기는 하지만 또 철저하게 집요한 일면을 가진 사내였다. 일단 그가 계획한 그래프 속에 들어가 있는 모든 일들을 절대로 그의 그래프 밖으로 빠져나갈 수 없다는 것을 알았다. 정작 그는 세상에게 패하는 척하면서 언제나 세상에게 패하지는 않고 있었다.

특히 일본의 관리자 양성학교(일명 지옥학교)라는 데서 그야말로 지옥생활을 하는 것 같은 여러 가지 연수 과정을 무사히 끝마치고 돌아왔을 때는 말문이 막혀 말이 다 안 나올 지경이었다. 한 줄로 표현하자면 나는 그를 잘못 알고 있었던 것이다.

차츰 그와 만나는 회수가 늘어감에 따라 나는 그를 다시 바라보기 시작했는데 뭐라고 할까, 그는 대체로 인생이라는 것을 잘 터득해 놓고 남보다 한 계단 위에서 아래를 내려다보며 바둑을 두고 있는 사내 같았다.

그는 아직까지 외형적으로는 지독한 외로움의 찌꺼기를 걷어내지 않은 모습을 가지고 있지만, 사실은 이미 "진흙 속에 핀 저 연꽃은 곱기도 하네, 세상이 다 흐려도 저 살 탓이지"라는, 정선아리랑의 한 대목이 가지고 있는 뜻 정도야 벌써 오래 전에 몸소 체험하여 가슴 안에 잘 간직해 두고 있는 사내였던 것이다.

특히 내가 후일에 다시 그의 시들을 대하고부터는 더욱 그러한 생각이 짙어졌다. 그의 시는 아편이 아니면 독약이었다. 어느 것이든 읽으면 육체도 영혼도 취해서 혼곤해지는 듯한 느낌이었다.

그렇다. 알고 보니 그는 차갑게 타고 있는 사내였다. 먹고 살기 위해 세상 사람들과 섞여 있는 것 같아 보이기는 했으나, 속으로는 음모를 꾸미듯 한 걸음 옆으로 비켜나서, 세상 사람들을 바라보며 차갑게 타고 있는 사내였다.

그래서 요즘 나는 그가 누구와 전화로 대화를 나눌 때 가끔씩 키들키들 묘하게 웃는 소리를 들으면 괜스레 켕기는 듯

한 기분이 들곤 했었다 필시 상대편의 음모 정도는 오래 전에 그가 다 파악해 놓고 있을 거라는 짐작이 들었던 것이다. 그는 나보다 한결 고수이며 나보다 한결 겸손한 편이므로 되도록 내 쪽에서 잡놈끼를 거두어 들여야겠는데 아무래도 잘 안 된다. 따라서 이런 치기 무쌍한 글 나부랭이도 하등 그에게 도움이 되지는 못할 것이다.

다만 나로서는 새로 만들어내는 그의 시집에 대해 진심으로 박수를 보낼 뿐이며, 시가 돈이 되지 않는다는 이유 하나로 이 세상 모든 시인들이 괄시를 받아야 하는 풍도를 그래도 끝까지 시를 믿고 살아가는 그를 위해 그저 마음으로만 신뢰를 보낼 뿐이다.

정말로 인간에게 영혼이라는 것이 있고 그래서 먼 훗날 우리가 지옥에서건 천당에서건 다시 만나면 거기서도 나는 그에게 여관방에 가서 술 한 잔을 함께 마시자고 말할 것이다. 만약 거기에 여관이 업고, 술이 없다면 그때는 필연적으로 그의 자작시를 낭송해 달라고 부탁할 것이다. 그의 시는 충분히 술보다 독한 향기로 나를 만취케 할 것이므로.

해설

― 박석수론

쑥고개의 비가悲歌
— 박석수론

우 대 식
(시인)

　박석수 시인은 1949년 경기도 평택군 송탄면 지산리 805번지에서 출생하였다. 지금의 송탄 터미널 건너편 새로 난 소방도로에 접한 그의 생가는 아직 그대로 남아 있다. 박석수 시인은 현대시사에서 송탄, 나아가 평택을 대표하는 시인이자 소설가라 할 수 있다. 한국전쟁 이후 한반도 몇몇 곳에 상처처럼 남겨진 기지촌의 문제를 이처럼 정면으로 다룬 작가는 찾아보기 힘들다. 일반적으로 기지촌의 문제를 경기 북부 즉, 파주와 문산 중심으로 생각해온 것이 사실이고, 평택이나 송탄이 안고 있는 상처는 근간의 대추리가 쟁점화되기 전까지는 깊숙이 숨어 있었다. 그러나 표면화되지 않았다고 해서 문제가 없는 것이다. 동시대에서 한 자아가 역사적 문제를 짚어낸다는 것이 얼마나 어려운가를 단적으로 보여주는 일이기도 하다. 그 점에서 박석수 시인은 본능적으로 기지촌의 문제를 간파했다고 할 수 있다. 이러한 문인을 고향에서조차 제대로 기억하지 못한다는 사실은 어쩌면 우리 시대의 열악한 문화적 지형도라 해도 무방할 터이다.

그의 아버지를 비롯한 가족들의 한 생은 말 그대로 콩나물을 기르는 것이라도 해도 좋을 만큼 식구들이 매달려 콩나물 사업에 전념하였다.

> 아버지 말씀처럼 콩나물을 기르는 것이 우리의 땀과 정성이라고 한다면, 별을 기르는 것은 무엇일까. 무엇이 저 아름다운 새벽별을 키우는 것일까. 파란 콩알을 콩나물통 속에 묻어 두고 땀과 정성의 펌프물을 주면 일주일 만에 예쁜 콩나물이 되듯이, 조그만 말들도 가슴 속에 묻어 두고 땀과 정성을 기울여 물주고 자꾸 물주고 자꾸 눈물을 주면, 저렇게 예쁜 별, 저렇게 빛나는 새벽별이 될 수 있을까. 나는 펌프질을 멈출 수 없었다. 잠시라도 펌프질을 멈추기만 하면 곧 아버지의 호통 소리가 공장 밖으로 튀어나올 것이 분명했으므로, 나는 쉴 사이 없이 별을 쳐다보며 쓰려오는 손바닥의 아픔을 참고 있었다.

> ― 소설 「同居人」 부분

콩나물을 기르는 것이 그의 현실이라면 별은 그의 이상이라 할 수 있다. 펌프물을 켜 올려 콩나물을 키우듯 그는 별을 기르고자 했다. 그가 키우고자 한 별은 '조그마한 말' 바로 그것이었다. 말에 정성들여 '빛나는 새벽별'이 되게 하고자 하는 그 의지는 바로 문학에 대한 열정으로 치환될 수 있을 것이다. 현실과 이상 사이에서 괴로워했을 박석수 시인의 모습을 떠올리는 것은 그리 어려운 일이 아니다.

그는 학창시절을 주로 수원에서 보내게 된다. 수원북중과 삼일상고를 거치면서 그가 보낸 문학소년 시절은 찬란하고도 험한 것이었다. 60~70년대 천재 문학소년들이 대개 그러하듯 문학에 대한 열렬한 지향과 더불어 정신적 조숙이 가져다준 방황으로 혼돈의 세월을 보내게 된다. 그는 어린 시절부터 수원의 여러 시인들과 교류를 하며 보냈다. 수원의 임병호 시인은 그의 고등학교 시절을 비교적 소상히 알고 있다. 아직도 남아 있는 수원의 화홍문화제 백일장에 임병호 시인이 심사위원으로 참여하면서 두 사람의 인연은 시작되었다. 당시 고등학생이었던 박석수 시인은 그 백일장에 참여하였고 심사를 본 임병호 시인은 그의 출품작이었던 「窓」이라는 시를 눈여겨보았던 모양이다. 백일장이 있던 그날 저녁 임병호 시인은 소설가 오영일 선생과 술잔을 기울이며 수인囚人의 시각에서 본 독특한 작품이 있었다고 대화를 나누던 중 더벅머리 고등학생이 다가와 자신이 바로 박석수라고 소개를 하면서 그들의 평생 인연이 시작되었다. 그는 고등학생 시절부터 이미 술을 미친 듯 마셔댔으며 문학에 미쳐 있었던 것이다.

그 이후 박석수 시인은 학교가 끝나면 송탄 집으로 돌아가지 않고 화홍문 근처 임병호 시인의 집에서 자주 숙식을 해결하곤 하였다. 임병호 시인과 화홍문 느티나무 아래서 당시 4홉들이 샛별소주를 마시며 문학에 대해 이야기하고 지나가던 소년들과 주먹질하며 청년이 되어갔던 것이다. 아시아 자유청년연맹 학생미술 실기 대회에서 특선을 할 정도로 감수성이 예민한 소년 박석수는 주먹을 겸비한 쓸쓸한 청년이 되어가고 있었다. 고등학교 시절 가출하여 인천의 한 나이트클럽에서 경리를 본 경력도 아마 그의 기질과 무관하지 않을 것이다. 뒷날 임병호 시인이 시집 발문에서 밝히고 있듯이 "나는 상처입은 짐승처럼 으르렁댔고, 선후배를 가리지 않고 무조건 두들겨팼으며, 교복을 입은 채 술을 엉망으로 마셔댔고, 임병호 형을 만나 희떠운 소리로 이 땅이 천재를 왜 몰라주냐고 외쳐대기도 했"던 것이다. 문학적 치기로 똘똘 뭉친 문학청년의 폭풍과도 같은 시간이 그렇게 흘러가고 있었다.

등단하기 전 그는 이미 수원의 여러 시인들로부터 관심의 대상이 되었다. 김대규 시인과의 만남도 고1 때 이루어졌다. 당시 '시와 시론' 동인 가운데 한 사람이 아마 박석수 시인이 다니던 고등학교 시화전을 보고 와서 싹수가 있는 학생이 있다고 말하면서 김대규 시인과의 만남이 이루어졌다. 1971년 <대한일보> 신춘문예에 「술래의 잠」이라는 시가 당선됨으로서 등단하게 된다.

일곱 살의 골목에는 야도를 찍어내는
두려움이 와아 와아 햇살처럼 쏟아지고
스무 살 이후의 도시는 대팻날이 되어
나를 문지르고 있었다.

귓속을 웅웅대는 우수憂愁의 빛깔을 끌어내
내가 완전한 자유를 깁고 있을 때,
내 생애는 난蘭이와 눈 맞추고
무궁화꽃이피었습니다무궁화꽃이피었습니다무궁화
꽃이……
찾는다──

환각의 다리橋에 물구나무선 나의 일곱 살,
호주머니에서 쏟아지는 천진한 기침을
숨었던 이마들은 변명하고
나는 자꾸 목이 말랐다.

− 「술래의 잠」 부분

신춘문예 당선작의 일부다. '야도'라는 말은 아마 일본어
일 터이다. 숨은 자가 술래를 피해 술래가 있던 자리에 손을
대면서 '야도'를 외치면 술래를 면하는 놀이다. 어린 시절 놀
이에서 느끼는 스릴감과 스무 살이 넘어 도시에서 느끼는 살
벌함이 서로 교직되어 시를 이루고 있다. 그에게 완전한 자
유는 '난蘭'으로 표상되는 여자아이와 눈을 맞추고 있을 때

이다. 훗날 그의 소설에 번번이 등장하는 인물이 백란이다. '난'蘭은 그에게 베아트리체와 같은 순정하고 지고지순한 여인이다. '찾는다'는 시어는 박석수 시인의 의식을 대변하는 절규라고 보아도 좋을 것이다. 어둠 속에서의 방황과 불안이 이 시를 지배하고 있는데 일찍이 시인 이상(李箱)이 「오감도」에서 어린아이들을 통해 보여준 근대의 불안한 풍경을 다시 만나게 된다. 스물을 갓 지난 나이에 그는 당당히 시인으로 등단을 하게 되었다. 박석수 시인이 지면 여러 곳에서 누누이 밝혔듯 그의 당선 소감문은 신문에 실리지 않았다. 편지 형식으로 쓰인 당선 소감문이 실리지 못하게 된 자세한 경위야 알 길이 없다. 당시 심사평은 아래와 같았다.

그러나 그 청신한 감응력을 높이 샀으며 그것이 헝클어지지 않는 질서 아래 일정한 '톤'을 유지하고 있는 그 역량을 인정키로 한 것이다. 치우치지 않고 차분하면서 밝은 가락으로 엮어간 솜씨에 그의 신인으로서의 능能과 장長을 손꼽은 것이다.

위의 심사평은 일반적인 신춘문예 심사평의 그것으로서 당선 과정에서 어떠한 문제점이 있었으리라는 것을 추론키 쉽지 않다. 당선 소감이 아무런 설명 없이 신문에서 누락되었던 것이 그 자신에게 커다란 마음의 상처였음은 분명한 사실이었다.

1974년경 서울에 터를 잡은 그는 장시 「암실시사회」를 『현대문학』에 발표하였으나 평단으로부터 혹평을 받고 '두고보자'는 마음으로 1976년 첫 시집 『술래의 노래』는 상자한다. 이 시집 3부에는 장시 두 편이 실려 있다. 시에 대한 그의 열정은 그토록 깊은 것이었다. 1000권을 찍은 이 시집은 종로서적과 양우당에 각 20권을 위탁 판매 형식으로 보내놓고 960권을 방에 쌓아두었다가 이듬해 모두 불태우고 시를 쓰지 않기로 한다. 이 시집의 발문은 장백일·김대규 두 분이 함께 썼다. 작품론과 시인론을 나누어서 쓴 결과라고 할 수 있다. 「체험으로 승화한 인생 기록」이라는 장백일 선생의 글의 대강은 아래와 같다.

그의 시집 『술래의 노래』에서 엿볼 수 있듯이 이제 그는 누구나 비속하다고 발을 매었던 대지(현실)에 충실했고, 그 대지 속에서 새로운 삶의 애착을 가지고 육박하며 파고들어 다시 피 끓는 삶에의 약동을 찾고자 한다. 이것이 이 시집에서 보여준 염원이기도 하다. 거세된 회색의 이론이 아니라 작렬하는 삶에의 약동을 그리워하는 술래이고자 한다. 그의 술래의 의미는 바로 여기에 있는 것 같다.

장백일 선생의 위 글은 어쩌면 박석수의 문학 세계 전반에 관한 핵심을 간파한 내용이라 할 수 있다. 현실에 대한 꾸

준하고도 심각한 응시야말로 박석수의 시세계를 이해할 수 있는 핵심 구절이다. 뒷날 비정하고도 암울한 기지촌 현실에 대한 시편들이 바로 자신의 대지(현실)에 대한 투철한 인식에서 비롯된 것임은 다시 말할 필요가 없을 것이기 때문이다. 한편 김대규 시인은 아래와 같이 쓰고 있다.

> 석수는 항상 인간보다는 작품을, 나는 작품보다 인간을 역설했다. 그가 얼마나 사람에 시달려 짜증난 결과인지, 내가 얼마나 기교화되는 시작에 혐오감을 가져온 결과인지는 모르지만, (……) 석수와 나는 10년을 술로, 편지로, 대화로, 전화로, 시로, 제일 깊게는 방랑의 침묵, 그 고독 속의 자립自立으로 친해왔다.

그는 고독했다. 그의 집은 늘 현실적인 문제로 생업에 치중해야 했으며 고향인 송탄에서 그의 시 작업을 제대로 알아줄 동료는 거의 없었다. 그는 집안의 기대를 배반하고 한 푼돈이 되지 않는 시를 밤새 쓰다가 술로 주먹질로 세월을 탕진했던 것이다. 시에 대한 치열한 인식은 스스로에게 탁월한 작품을 쓰도록 요구했을 것이며 그 갈등에 몸을 떨었을 것이다. 그는 자립했다. 고독 속에서 혼자 쓰고 희열을 느꼈던 것이다.

그는 평생 잡지사와 출판사를 전전하였다. 변두리 잡지사를 전전하다가 『여원』이라는 잡지사로 옮기면서 출판에 대한 재능을 인정받으며 활달한 사회 활동을 하게 된다. 그러던 와중인 1980년『월간문학』에 소설「당신은 이제 푹 쉬어야 합니다」라는 작품으로 소설가로 활동을 시작한다. 그 이태 뒤『현대문학』에 발표한「철조망 속 휘파람」은 기지촌 소설 문학의 백미라고 할 수 있다. 미군 철조망을 둘러싼 쑥고개 민중들의 수난사를 신랄하게 고발하고 있다.

그가 첫 시집을 모두 불태우고 다시는 시를 쓰지 않겠다고 다짐을 했다지만 그게 그리 쉬운 일이 아니라는 것은 자명한 사실이다. 어린 날 자신의 영혼을 태워 피워 올렸던 시의 제의를 멈춘다는 것은 가능해 보이지 않기 때문이다. 1983년 그는 두 번째 시집『放火』를 상자한다. 이 시집은 후일 '미국의회도서관'에 비치되는데 아마도 쑥고개를 배경으로 한 일련의 시편들이 미국의 입장에서는 반미적인 성향으로 판단되었을 것이다. 이 시집 머리글에는 시에 대한 박석수 시인의 생각이 낭자하게 그려져 있다.

지금, 스스로의 처음 생각을 배반하면서까지 이처럼 다시 두 번째 시집『放火』를 묶게 된 이유는 혀를 깨물며『술래의 노래』를 찢어버려서가 아니라, 찢어진 그 시집 속에 참혹하게 누워 있는 내 영혼의 불꽃이 채 사그라지지 않았음을 확인했기 때문이다.

그렇다. 시에 대한 그의 불타는 영혼은 꺼지지 않은 채 이

어져 왔던 것이다. 그는 첫 시집으로 부터의 미망에서 벗어
나 새로운 길을 가고 싶어 했다. 이 시집은 첫 번째 시집과
겹치는 부분도 있지만 분명 쑥고개 현실에 대한 치열한 탐구
를 동반하고 있다는 점에서 큰 변별력을 가진다.

헐벗은 우리의 가슴에
한 잎 낙엽으로
떨어져 썩기 위하여

인당수보다 더 깊고 깊은
미군들의 털북숭이 가슴에
얼굴을 묻고 흐느끼는 누이야.

네 몸과 바꾼 15불의 화대로도
애비들의 눈은
띄어지지 않는다.

아름다운 연꽃은
끝끝내
피어나지 않는다.

내의 껴입을수록 더 추워지는
이 겨울을
맨 정신으로 살아내기 위하여,
눈 부릅뜰수록 더 어두워지는

이 세상을
좀 더 바로 보기 위하여

인당수보다 더 깊고 깊은
수렁 속에 던져진
우리들 마지막 기다림 하나.

　　　　　　　　－「심청을 위하여－쑥고개 1」 전문

　심청전을 인유한 이 작품은 당대 송탄의 현실을 사실적이
고 비판적으로 그려내고 있다. 15불의 화대에 몸을 팔아야
하는 수많은 심청이들이 이 땅에 존재하고 있었으며 동시에
끝내 연꽃으로 환생할 수 없는 아픔을 이 시는 보여준다. 또
한 그 행위를 통하여 애비의 눈도 뜨게 할 수 없는 지경에 이
르면 비애의 감정 외에 무엇이 남겠는가? 이러한 상황을 그
는 '겨울'이라 말하고 있다. 겨울을 이겨내기 위한 '맨 정신'
이야말로 그가 대면한 세상에 대한 투쟁 방식이라 할 수 있
다. 인당수로 들어간 심청을 기다리고야 말겠다는 인고의 정
신 속에 박석수 시인의 시정신도 오롯이 담겨 있는 것이다.

누이의 눈물은 피가 되었다.
철수하는 미군의 가슴이나
태평양이나 아메리카로도
닦여지지않는

누이의 눈물은 피가 되었다.
십자가에 못박힌 한반도의
가장 참혹한 노을이 되었다.

－「노을－쑥고개 4」 부분

「쑥고개 1」이 심청과 애비의 비유로 이루어져 있다면 「쑥고개 4」는 십자가와 한반도라는 보다 포괄적인 비유로 쑥고개의 수난을 증언하고 있다. 송탄 들판의 노을은 서해안을 배경으로 참혹하고도 아름다운 풍광을 자랑한다. 붉고 적나라한 원형의 빛깔 속에서 박석수 시인은 누의 피멍든 가슴을 들여다보았던 것이다. 그 내면이야 참혹하기 짝이 없었을 터였다. 이런 의미로 『放火』를 해설한 권영민 선생의 글을 다시 살피는 것은 의미 있는 일이다.

자기의식에 기억된 고뇌를 스스로 지워버리고자 하는 고통스러운 노력 때문에, 청년기의 「쑥고개」는 침울하다. 거짓된 웃음과 무지와 완고로 말미암아 생긴 타락이 결코 누구의 책임인지를 묻지 않고 있는 것은 탓할 일이 못 된다. 거기서 보았던 그 환혹幻惑의 장면들을 냉소적으로만 대할 수 없는 것은, 어쩌면 시인 박석수가 지니고 있는 뜨거운 가슴 때문인지도 모른다.

쑥고개에 대한 박석수의 뜨거운 가슴이야말로 그의 문학

적 탯줄이 닿아 있는 곳이다. 그가 서사적인 방향의 글쓰기를 시도한 이유도 어쩌면 시대 고발의 강력한 유혹 때문이었는지도 모른다. 소설가 이외수는 같은 시집 발문에서 "그의 시는 아편 아니면 독약이다. 어느 것이든 읽으면 육체도 영혼도 취해서 혼곤해지는 듯한 느낌이었다."라고 고백하고 있거니와 치열한 현실인식과 그것을 감내하는 시정신이 혼연일체의 덩어리가 된 결과물이라 할 수 있다.

『여원』계열의 잡지사에 근무하던 그는 돌연 쓰러진다. 서울의 직장생활을 포기하고 당진으로 몸을 추스르기 위해 떠났다. 영랑사라는 절에서 3개월을 요양하면서도 그는 술을 입에 대는 날이 많았다. 당진에서 그가 요양한 기간은 약 1년 8개월 정도이고 1987년 2월 다시 상경하게 된다. 그해 「우렁이와 거머리」를 위시한 여러 편의 소설을 발표하여 평단의 주목을 받으며 소설가로서의 입지를 굳힌다. 여성지인 『마드모아젤』에 장편소설 「차표 한 장」을 연재하며 세 번째 시집 『쑥고개』를 상자한다. 도서출판 한겨레의 주간을 맡으며 다시 출판 일에 관여하게 되는 등 바쁜 나날을 보내게 된다.

어쩌면 1990년대 초반 병을 앓기 바로 직전이었던 이 시기가 그의 문학적 행로에서 가장 밝은 빛을 뿜어내던 시기라고 할 수 있다. 문학사상사에서 발행된 『쑥고개』는 기왕에 발표되었던 쑥고개 관련 시편과 새로 쓴 쑥고개 작품들로 엮어져 있다.

고향에 가면
보고 싶은 것도
듣고 싶은 것도
먹고 싶은 것도
모두 미국화된
고향에 가면,
이제 하북 냇가까지
그들의 정액이 흐르고 있네.

석수 너 몸 많이 약해졌다는
소문 들리던데
오늘 이왕 내려온 김에
내일은 아예 개 한 마리 잡아서
우리 모두
하북 냇가로 놀러 가자는
전과 4범 인분차 운전수
유재규 동무 말 들으면서
까닭 모를 눈물 흘리네.

—「하북 냇가 — 쑥고개 40」 전문

  이제 모든 것이 미국화 된 고향 마을에 흐르는 강까지도
미군들의 정액이 흐르고 있다는 인식은 유토피아의 상실과
맞먹는 상실 의식을 반영한다. 그러나 배운 것 없고 인분차
를 모는 동무 유재규야말로 그의 심연에 내재한 고향, 바로

그것이 아니고 무엇이겠는가? 몸이 많이 약해졌다는 고향 친구의 위로와 어려운 가운데서도 정을 나누고자 하는 의리는 황폐화해 가는 고향과 대비되면서 비극적인 가운데서도 따뜻한 인간의 간절한 정을 느끼게 해주는 것이다.

시집 『쑥고개』의 해설에서 이윤택 시인은 아래와 같이 박석수 시인의 시세계를 논하고 있다.

> 필자는 이를 절망의 늪에서 간구하는 상상력이라는 말로 표현하고 싶다. 박석수는 자신과 이웃을 싸고 있는 쑥고개의 척박한 기억에 '이미지'의 누공을 뚫는다. 여기서 박석수가 기대하는 것은 척박한 삶 자체가 아니라, 척박한 삶의 쓰레기 더미에서 눈부시게 솟아오르는 '직관의 맥류' 바로 그것이다. 이 점에서 박석수의 『쑥고개』는 김명인의 『동두천』과 구별되고 여타의 70년대 이후 기지촌 소재 민중시와 구별된다.

위와 같은 평가는 쑥고개 연작을 찬찬히 읽다 보면 충분히 이해가 가는 평가이다. 예를 들어 「축–쑥고개 24」나 「걸레–쑥고개 25」와 같은 작품을 보면 쑥고개의 척박한 삶을 그대로 쏟아놓은 것이 아니라 직관적 이미지로 시를 형상화한다는 것을 알 수 있다. "버림받은 목숨 하나/ 몰릴 때까지 몰리다가/ 연기처럼 하늘로/ 떠 올라가/ 구름이 된다./ 구름이 되어서도/ 끝끝내 축으로만/ 몰리다가 자결,/ 노을이 된다"와 같은 시구들은 쑥고개의 구체적인 상황에서 이끌어낸 직관의 상상력이라 할 만하다.

오늘날 평택과 송탄은 또다시 들썩이고 있다. 대추리가 그렇고 송탄 일대 국제 평화 신도시 예정지가 그러하다. 미군기지 이전으로 인해 경기 남부 일대가 들썩이는 형국이다. 이미 오래 전 한 시인의 혜안이 있어 평택 송탄 일대의 기지촌의 문제를 외롭고도 치열하게 제기한 바 있다. 박석수 시인의 『쑥고개』는 이 시대, 그리고 이 지역에 바쳐진 제의祭儀, 바로 그것이었다. 1996년 뇌졸중으로 누운 그는 다시 일어나지 못했다. 천주교 용인 공원묘지에 안치된 그 묘가 어쩐지 쑥고개를 바라보고 있을 것만 같다.

연 보

1949년 경기도 평택시 송탄면 지산리 805번지에서 출생.

1970년 수원북중을 거쳐 삼일상고 졸업.

1971년 <대한일보> 신춘문예에 「술래의 잠」 당선.

1976년 제1시집 『술래의 노래』(시문학사) 간행.

1979년 변두리 잡지사를 전전하다 『여원』에 입사, 『직장인』
　　　　편집장 역임.

1981년 『월간문학』 신인상 소설 당선.

1983년 제2시집 『放火』(평민사) 간행.

1987년 제3시집 『쑥고개』(문학사상사) 간행.

1996년 뇌졸중으로 투병하다 별세.
　　　　용인 천주교 공원묘지에 안장.

생전에 『철조망 속 휘파람』, 『차표 한 장』 등 소설집을
　　　　펴냄.

참고서지

권영민, 「삶에 대한 진실한 대응」, 『放火』, 평민사, 1983.

김대규, 「박석수의 인간과 문학」, 『술래의 노래』, 시문학사, 1976.

우대식, 「철조망 속의 파라다이스」, 『죽은 시인들의 사회』, 새움, 2006.

이외수, 「그래프의 안과 밖」, 『放火』, 평민사, 1983.

이윤택, 「박석수의 시세계」, 『쑥고개』, 문학사상사, 1987.

장백일, 「체험으로 승화한 인생 기록」, 『술래의 노래』, 시문학사, 1976.

요절시인 시전집 시리즈 제8권

십자가에 못박힌 한반도

– 박석수 시집

| 초판 1쇄 인쇄일 | 2010년 12월 1일 |
| 초판 1쇄 발행일 | 2010년 12월 8일 |

지은이	이승하 · 우대식 편
펴낸이	정진이
총괄	박지연
편집 · 디자인	이솔잎 · 채지영
마케팅	정찬용
관리	한미애 · 김민주
인쇄처	월드문화사
펴낸곳	새미

등록일 2005 13 14 제17-423호
서울시 강동구 성내동 447-11 현영빌딩 2층
Tel 442-4623 Fax 442-4625
www.kookhak.co.kr
kookhak2001@hanmail.net

ISBN	978-89-5628-548-1 *04080
	978-89-5628-281-7 *04080 (set)
가격	15,000원

* 저자와의 협의하에 인지는 생략합니다.
새미는 국학자료원의 자회사입니다.
잘못된 책은 구입하신 곳에서 교환하여 드립니다.